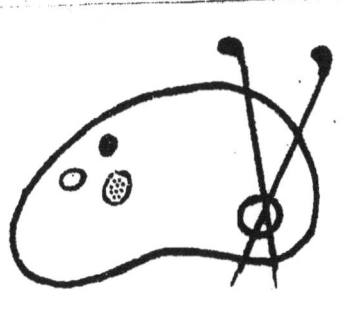

Couvertures supérieure et inférieure en couleur

Illisibilité partielle

GEORGES DE PEYREBRUNE

Victoire la Rouge

NOUVELLE ÉDITION

PARIS

ALPHONSE LEMERRE, ÉDITEUR

23-31, PASSAGE CHOISEUL, 23-31

M DCCC XCVIII

BIBLIOTHÈQUE CONTEMPORAINE

Volumes in-18 jésus. Chaque volume : 3 fr. 50

DERNIÈRES PUBLICATIONS

Barbey d'Aurevilly .	Portraits politiques et littéraires...	1 vol.
Mme A. B.	Au Loin (Impressions hindoues)..	1 vol.
Paul Bonnetain . . .	L'Impasse....	1 vol.
Joseph Bouchard. . .	Le Triomphe de l'Amour....	1 vol.
P. de Bouchaud. . .	Histoire d'un Baiser....	1 vol.
Paul Bourget.	Complications Sentimentales....	1 vol.
Marie Anne de Bovet.	Par Orgueil....	1 vol.
Jules Breton.	Savarette....	1 vol.
Philippe C...	Légende....	1 vol.
	...le....	1 vol.
...ffée...	Le Coupable....	1 vol.
Alphonse Daudet. . .	La Petite Paroisse....	1 vol.
Jane Dieulafoy. . . .	Déchéance....	1 vol.
Émile Dodillon. . . .	La Grande....	1 vol.
Cte Albert du Bois. .	Athénienne....	1 vol.
Paul Flat.	Les Ames sans Frein....	1 vol.
Anatole France . . .	Les Désirs de Jean Servien....	1 vol.
Alphonse Georget . .	Artistes!....	1 vol.
Ed. & J. de Goncourt.	Sœur Philomène (Éd. Guillaume).	1 vol.
Paul Hervieu.	La Bêtise Parisienne....	1 vol.
Octave Houdaille.	Une Femme libre....	1 vol.
Pierre Huguenin. .	A l'Américaine....	1 vol.
Kervyl.	Mariage d'Officier....	1 vol.
Jean Lahor.	La Gloire du Néant....	1 vol.
Henry Lapauze. . . .	De Paris au Volga....	1 vol.
Daniel Lesueur. . . .	Lèvres closes....	1 vol.
René Maizeroy. . . .	En volupté....	1 vol.
Mme Stanislas Meunier	Aimer ou Vivre....	1 vol.
Gabriel Mourey. . .	L'Œuvre nuptial....	1 vol.
Cte E. de Mouy. . . .	Mademoiselle de l'algenseuse....	1 vol.
G. de Peyrebrune. . .	Victoire la Rouge....	1 vol.
Émile Pierret.	Harems et Mosquées....	1 vol.
Frédéric Plessis. . . .	Angèle de Blindes....	1 vol.
Alfred Poizat.	Avila des Saints....	1 vol.
Marcel Prévost. . . .	Trois Nouvelles....	1 vol.
Sully Prudhomme. .	Que sais-je?....	1 vol.
Remy St-Maurice. .	Temple d'Amour....	1 vol.
Robert Scheffer. . . .	Le Prince Narcisse....	1 vol.
Esther de Suze. . . .	Cœur brisé....	1 vol.
Laurent Tailhade . .	Terre latine....	1 vol.
André Theuriet. . . .	Le Refuge....	1 vol.
Camille Vergniol. . .	L'Enlisement....	1 vol.

Paris. — Imp. A. Lemerre, 6, rue des Bergers. — 4.-3075.

Victoire la Rouge

DU MÊME AUTEUR

La Margotte. . . . . 1 vol.
Vers l'Amour, ouvrage couronné par l'Académie française. . . . . 1 vol.
Les Fiancées. . . . . 1 vol.
Libres. . . . . 1 vol.

———

Tous droits de reproduction et de traduction réservés pour tous les pays, y compris la Suède et la Norvège.

GEORGES DE PEYREBRUNE

Victoire la Rouge

PARIS

ALPHONSE LEMERRE, ÉDITEUR

23-31, PASSAGE CHOISEUL, 23-31

M DCCC XCVIII

Victoire la Rouge

PREMIÈRE PARTIE

I

Les Jameau, fermiers au Grand-Change, eurent besoin d'une petite servante pour garder les bêtes, Ils en demandèrent une à l'hospice de la ville, où l'on élève les enfants trouvés.

Renseignements pris par la supérieure, les Jameau étaient d'honnêtes gens. On leur confia, moyennant vingt écus par an, une petite malheureuse inscrite, voilà treize ans et demi, sur les registres de l'hospice, sous les noms prétentieux de Marie-Eugénie-Victoire. La Mère supérieure se débarrassait ainsi d'une non-valeur, d'une sorte de propre à rien, qui n'avait pu apprendre à lire, ni ajuster deux points réguliers l'un près de l'autre sur les chemises que l'on confectionnait au couvent pour la clientèle et le commerce.

Victoire n'était point idiote, cependant, mais lourde, comme on disait.

« Le grand air la dégourdira, déclara la Révérende Mère.

— Bien certainement, répondit la femme Jameau, interloquée par la cornette de la religieuse au point de n'oser refuser, comme elle en avait bonne envie, la laide petite fille qu'on lui présentait.

— En voilà une bête, » pensait la fermière en poussant devant elle le paquet de chair qu'on venait de lui livrer.

Et elle examinait cette drôlesse mal équarrie,

courte, large, crevant de graisse, avec de la poitrine plein son corsage et des hanches plein ses jupes. Cela sautait à chaque pas.

Elle lui demanda d'un ton bourru :

« Quel âge as-tu, petite? »

Celle-ci se tourna, leva les épaules et répondit :

« Je ne sais pas. »

Son visage était grêlé comme une écumoire; ses petits yeux bleus, très doux, clignotaient, bordés de rouge. Il lui passait sur le front de grosses mèches courtes de beaux cheveux fauves et drus, que le bonnet ne pouvait retenir.

Jameau avait mené des porcs au marché. Quand ils furent vendus, on retourna au Grand-Change; le fermier et sa femme sur la banquette de la carriole, la petite fille derrière, dans le parc où les porcs s'étaient roulés dans leur fange. Il n'y avait point de siège; elle s'accroupit, ses jupes dans le fumier. Le nez en l'air, riant des cahots qui ballottaient sa chair, elle ouvrait les narines et trouvait que la campagne, « ça sentait bon ».

A peine débarquée, on lui fit installer ses nippes dans un coin de la chambre occupée par la fille des Jameau. Il y avait deux lits avec des rideaux de grosse toile à carreaux bleus et blancs. On lui en donna un. Puis on la fit descendre manger un morceau sur le pouce, et vite on l'expédia aux champs.

« Sais-tu toucher les bêtes? » lui demanda la Jameau.

Elle répondit, psalmodiant :

« Non, ma chère mère.

— Dis donc, appelle-moi plutôt Catissou, riposta la fermière mécontente. Tu n'as pas de « mère » ici. Allons, file. Il y a douze brebis. Mène-les droit devers le bois, le long des prés; Faraud t'apprendra. Ici, Faraud! Mais va donc, grosse bête. »

Victoire suivit les moutons.

Elle marcha derrière eux, docilement, s'arrêtant lorsqu'ils s'arrêtaient, courant dès qu'ils prenaient la course. Elle trouva cela très amusant et pas difficile.

La saison était bonne, en juin, par là ; il y avait de l'herbe plein les fossés de chaque côté de la route nationale qui coupait en deux le village du Grand-Change. Les bêtes dévalaient le long des talus avec des sauts de croupe joyeux et des tortillements du cou qui faisaient s'esclaffer Victoire. Elle tapait dans ses mains et levait la jambe pour se faire voir comme les moutons dansaient. Mais Faraud jappait alors et happait sa jupe, comprenant bien qu'il avait une bête de plus à garder.

Quand ils atteignirent le bois, les moutons s'éparpillèrent, cherchant l'herbe fine et les pousses tendres. Quelques-uns se couchèrent à l'ombre. Le chien s'aplatit, le museau allongé sur ses pattes, se reposant, et ne veillant plus que d'un œil.

La Victoire s'étala tout de son long dans

les fougères molles et s'endormit. Cela fit que deux jeunes brebis plus étourdies que les aînées, tout en jouant à cabrioler l'une devant l'autre, s'égarèrent dans les bois.

Et quand le troupeau s'en revint le soir à la ferme, la Jameau, comptant ses bêtes, du premier coup vit qu'il en manquait deux.

Elle cria en gémissant qu'elle était bien malheureuse; puis, se retournant sur Victoire, elle lui coucha la tête d'un soufflet.

La drôlesse poussa un beuglement comme si on l'eût assommée, et, tirant son mouchoir, s'enfonça les yeux avec, braillant, suffoquant, trempée jusqu'au ventre des larmes qui ruisselaient de ses yeux et de son nez.

« Mouche-toi donc! cria furieusement la Jameau. Et marche devant. »

On la fit courir plus vite qu'elle ne pouvait, grosse et lourde comme elle était, pour retourner à l'endroit où les moutons s'étaient perdus.

Les gens de la ferme suivaient, portant des

lanternes, car il faisait nuit, maintenant, et une nuit sans lune. Ils maugréaient tous et ils injuriaient la Victoire, parce que cela retardait le souper.

Le chien, qui avait reçu pour son compte quelques coups de trique, retrouva les deux bêtes blotties l'une contre l'autre dans un fourré et les mordit à belles dents, à son tour. On revint plus gaiement, la Victoire derrière les autres, n'osant se montrer.

A la table du souper, où elle s'assit encore toute morveuse, chacun se moqua d'elle, excepté la fille Jameau, qui souriait sans rien dire. Une jolie fille de quinze ans, près de qui les garçons venaient déjà faire la veillée.

Il en vint deux ce soir-là, et on leur exhiba Victoire. Elle amusa tout le monde. C'était très drôle, les réponses qu'elle leur faisait, sur ce qu'elle savait, ce qu'elle faisait avant, et d'où elle venait. Cela ne ressemblait à rien de ce que rien de ce que disent et pensent les autres filles de son âge. Le bon Dieu avait tout fait, elle comme le reste ; elle ne connaissait que le bon Dieu : c'était son père et la Sainte Vierge sa mère. Elle n'aimait rien, personne ne l'aimait. Elle ne comprenait même pas bien ce que ça voulait dire.

« Mais tu aimes bien la soupe ? » lui dit le père Jameau en éclatant de rire, car il faisait allusion à la graisse qui la boursouflait.

Elle rougit et baissa la tête sans répondre. C'était là son grand péché, et on l'avait deviné tout de suite : elle était gourmande.

Si gourmande, qu'elle avait chipé, en trôlant vers la cheminée, des pommes de terre qu'on faisait cuire pour les porcs, elle en avait garni ses poches.

Il lui sembla qu'on les voyait à travers : elle n'osait plus bouger.

Mais dès qu'on ne s'occupa plus d'elle, Victoire se glissa dehors et les dévora à pleine goulée.

Puis elle rentra sournoisement et s'accroupit

dans un coin, où elle ne fut pas longue à s'endormir.

Elle n'avait point de chagrin.

Tout lui était indifférent, pourvu qu'elle pût se tasser quelque part à ne rien faire et le ventre plein.

II

Cependant, elle apprit à garder les bêtes : le soufflet de la mère Jameau lui avait révélé ses devoirs.

Maintenant elle tricotait en marchant derrière le troupeau, un peu déhanchée par son énormité. On lui avait montré à serrer ses cheveux dans un fichu de couleur tortillé autour de sa tête. C'était plus propre, mais ça l'enlaidissait. Elle s'en moquait bien, et riait maintenant plus fort que les autres, et tant qu'on ne voyait plus alors ses petits yeux enfoncés dans sa face bouffie et grêlée.

Pour sûr, elle était contente de son sort et n'imaginait pas une vie plus heureuse que la sienne.

Toute la belle saison, elle fut employée dehors; le matin bêchant les vignes ou sarclant les blés, à l'aise dans sa jupe écourtée, ficelée lâche au-dessus des hanches où bouffait sa chemise de grosse toile bise, qui fermait en rond autour de son cou, les bras nus, les jambes nues, les pieds chaussés de boue, larges, écartés pour la tenir d'aplomb. Elle suait et râlait, faisant secouer sa chair à chaque battue lourde du bigot, qu'elle relevait assez vivement en le serrant dans ses deux poings.

Le soir, elle flânait, poussant ses bêtes le long des champs des voisins, où elles broutillaient toujours un peu en passant, comme il est d'usage. Et l'on entendait la Victoire crier, de temps à autre :

« Ici, Faraud ; là, là, tourne, pique, pique... »

Et tandis que le chien courait, elle remuait ses aiguilles dans la grosse laine brune dont le tricot lui pendait entre les doigts, et, le nez en l'air, elle traînait ses sabots.

Sur le chemin parfois s'allongeaient des branches d'arbres avec des fruits au bout. La Victoire lançait son sabot dans le tas, et cela dégringolait. Elle n'était pas longue à emplir ses poches, et tout le temps ensuite elle croquait, le poing sur la bouche, les dents voraces.

Quelquefois, elle s'accotait avec d'autres enfants qui gardaient ou bien une vache, ou quelques douzaines de dindonneaux glousillant, haut perchés sur leurs pattes minces, ou bien des oies toutes petites et jaunes comme des serins, qui cancanaient en se déhanchant pour courir sous la touchée de la gaule.

Et, tous ensemble, ils s'en allaient loin des fermes, en quelque endroit abrité où ils pouvaient se divertir à leur façon. C'étaient des marrons qu'ils faisaient griller sous une ramassée de fougères sèches et de pommes de pin. C'était un nid qu'ils grimpaient décrocher pour manger les petits. C'étaient des histoires qu'ils se racontaient, non point naïves, mais remplies des propos grossiers qu'ils entendaient dire un peu partout, en allant derrière les garçons et les filles faites, ou des choses qui se passaient dans les logis étroits où les pères et mères ne se gênent point.

Victoire apprit ainsi comment elle était venue au monde, et cela la surprenait bien un peu tout de même, malgré que ce sujet la divertît plus que tout autre; elle avait comme un plaisir à penser que ces choses lui arriveraient sans doute un jour. On eût dit même que cela l'aidait à se dégourdir. Elle devint tout à fait vaillante en passant ses quatorze ans qui s'en allaient finir.

Le dimanche, à l'église, elle parut bientôt moins grotesque; elle attacha mieux ses jupes, et les allongea pour cacher ses jambes en forme de grosses bûches toutes droites. Elle regarda à la coiffure des autres filles et fit des efforts pour que sa crinière rouge lui tombât proprement en bandeau sur le front, à deux doigts de son fichu de coton toujours lavé et bien tortillé autour de sa tête, avec un coin qui pendait sur la droite, comme une oreille d'âne rabattue.

Elle étendait son mouchoir par terre pour s'agenouiller dessus pendant la messe, car il eût fallu payer sa chaise un sou et deux sous pour les bonnes fêtes. Et elle s'affalait, posant sa croupe sur ses talons, sa grosse poitrine levée par la brassière de futaine, sous le petit châle croisé dont les bouts rentraient sous son tablier. Elle répétait tout le temps : « Je vous salue, Marie, pleine de grâce », en faisant couler les grains de son chapelet, qui tournait ainsi tant que durait la messe, même pendant le sermon auquel elle ne comprenait rien. Elle regardait tour à tour, pour se distraire, les cierges allumés entre les belles fleurs dorées de l'autel, la chape du curé qui allait et venait, et dont elle guettait la retournée vers la foule, en ouvrant et fermant les bras, pour faire rapidement un grand signe de croix qui était toute sa participation au service divin. A l'*Ite, missa est,* elle se relevait et secouait son mouchoir avant de le remettre dans sa poche. Puis elle se mouillait le front de sa main trempée d'eau bénite, et, comme elle avait accompli ses devoirs, ainsi que tout le monde, elle sortait pour s'arrêter sur la place de l'église avec les jeunes filles, attendant si quelque galant viendrait la trouver et lui tirer son fichu, comme elle voyait faire aux autres. Elle regardait autour d'elle, de ses petits yeux bêtes et doux, jusqu'à ce que la Jameau lui criant :

« Hé, la Victoire, faudra-t-il une corde pour te faire suivre?... » Elle se mettait à trotter, toute rebondissante par la lourdeur de son pas pressé.

Le soir, on dansait au village du Grand-

Change. Dans une auberge, sur la route, une vaste salle s'emplissait de toute la jeunesse des communes environnantes; même des hommes et des femmes mariés, quelques-uns traînant avec eux leurs mioches, venaient là passer la veillée.

Les hommes buvaient, les femmes se donnaient tour à tour leurs nourrissons à garder, pour s'en aller lever le pied à tricoter quelques polkas, que deux violons, perchés sur une estrade, jouaient et marquaient assez proprement. On disait bien qu'il se passait de vilaines histoires dans le retour de ces nuitées dansantes. Les maris grisés de vin et les femmes de plaisir ne revenaient pas toujours ensemble; et bien des filles avaient dansé sans musique en traversant trop tard les taillis mousseux qu'ombragent les chênes. Mais le bal n'y perdait rien de sa vogue et de sa clientèle; au contraire. On s'y pressait comme à l'entrée du paradis.

La Victoire y vint comme les autres. Elle

s'accota au mur, un peu honteuse, ayant l'air de regarder danser. Mais dans les jambes ça lui piquait comme si elle eût trépigné un fourré d'orties. Elle avait acheté des souliers, et elle s'était tricoté des bas blancs, tout exprès pour cette aventure. Ensuite, la fille des Jameau s'étant mariée, on lui avait passé quelques défroques. Et la Victoire s'était plantée sur le haut de sa poitrine énorme un beau ruban rouge, en forme de nœud, dont les deux bouts pendaient.

Devant elle, les couples se trémoussaient dans la poussière montante, sous la clarté de deux lampes à pétrole ajustées au mur. Des filles lestes valsaient avec des airs de demoiselles de la ville, la tête nue et une rose dans les cheveux.

Entre chaque danse, la foule s'éparpillait, et dans l'auberge où la grosse commère accorte versait à boire aux filles qui se faisaient régaler, et sur la route où flânaient les curieux qui ne dansaient pas, et, un peu plus loin, sous les arbres où l'on s'embrassait.

La Victoire demeurait seule, appuyée au mur, aucun garçon ne s'étant soucié d'elle. Elle pensait que la mère Jameau avait eu raison de lui dire :

« Qu'est-ce que tu veux aller faire là-bas, ma fille ? C'est pas les vendanges ; on ne fait pas encore danser les tonneaux. »

Alors elle devint encore plus honteuse. Cependant, vers la fin du bal, elle n'y tenait plus, et il lui passa dans l'esprit de leur faire voir qu'elle sauterait tout aussi haut qu'une autre plus fine qu'elle... Alors elle prit sa jupe à deux mains, et, toute seule, pendant qu'on jouait une scottisch, elle se mit à sauter, pointer, cabrioler, lever son pied et taper son talon, en tournant brusquement, comme elle avait vu faire, tantôt sur une jambe, tantôt sur l'autre.

Et sa jupe sautait par bonds jusqu'à ses jarretières ; ses hanches sautaient, et aussi sa poitrine et son chignon, qui lui dévala tout à coup sur les épaules. Sa crinière rouge, lâchée par le fichu, enfla autour de sa tête. Elle suait, elle soufflait; mais il semblait qu'elle fût possédée, qu'elle eût, comme on disait, le diable fourré dans ses cottes, car d'autant plus elle sautait. Et malgré qu'on fît des cris de rire autour d'elle, elle ne lâcha pas que les musiciens, qui se tordaient, n'eussent raclé, tout de travers, la dernière mesure.

Alors la Victoire s'arrêta, trébuchante et tendant les mains pour se retenir de tomber ou de tourner encore. Mais tout le monde s'écarta pour le plaisir de la voir s'affaler, ce qu'elle fit. Bientôt ramassée, elle prit sa course si vite, malgré sa graisse, que les mauvais gars qui la suivaient pour la huer, ne virent plus rien quand ils furent dehors, et beuglèrent aux étoiles le méchant sobriquet dont ils l'avaient baptisée; ils l'appelaient : la Rouge!

III

Cette fantaisie de ressembler aux autres filles et de faire comme elles faisaient, qui était poussée chez la Victoire avec ses quinze ans, lui passa quand un peu de raison lui fut venue. Elle comprit qu'elle ne devait point compter comme celles qui n'étaient point bâtardes, élevées à l'hospice, et qui avaient une famille, des gens qui s'intéressaient à elles.

Jamais personne ne lui avait encore dit le plus petit mot d'amitié, au contraire. On l'appelait « grosse lourde, fille de rien, fleur de fumier ». Quant à lui rappeler qu'elle n'avait ni père, ni mère, aucun n'y manquait, et elle ne courait risque de l'oublier.

Les Jameau, plus bienveillants que les autres, se contentaient de la nommer « la Rouge », lorsqu'ils se fâchaient. Et, peu à peu, le nom lui en était resté, même quand on lui parlait sans colère. Et Victoire y répondait fort bien, sans être offusquée. Au reste, rien ne lui faisait de peine.

Elle pensait que tous les mauvais traitements lui étaient dus, puisqu'elle était née comme cela, dont elle avait seulement un peu de honte.

Elle se faisait ce raisonnement que les chevaux ne se plaignaient pas des coups de fouet, ni les bœufs des coups d'aiguillon, ni les chiens des coups de pied, parce que leur sort était de recevoir tout cela, comme elle, qui était quasiment comme les bêtes, lesquelles n'ont point de famille et sont trop heureuses de servir les gens qui les font manger, sans quoi elles mourraient de faim.

Et Victoire éprouvait un sentiment vague de reconnaissance pour les Jameau quand elle s'endormait, le soir, alourdie et pleine à crever de la nourriture dont elle se gavait.

Aussi elle ne se ménageait pas, et les Jameau eussent été bien empêchés, si cette fille, la meilleure servante qu'ils eussent jamais fermée chez eux, se fût avisée de les vouloir quitter. Mais cette pensée ne pouvait venir à Victoire.

En sortant de l'hospice, elle était tombée là, et bien qu'elle eût tout à l'heure dix-huit ans, et qu'elle fût demeurée à ses premiers gages, on l'eût bien surprise en lui disant qu'elle pouvait trouver de l'avantage à se louer ailleurs. Elle trimait, faisant tous les ouvrages à la maison comme servante, aux champs comme un véritable ouvrier.

Elle tenait pied aux deux garçons de ferme; elle poussait comme eux la charrue, elle montait sa rangée dans les vignes, à l'époque du binage, ne se laissant pas dépasser d'un cep même par le plus vigoureux des deux. Un solide compagnon, cependant, grand, large et trapu, noir et mauvais comme un Calabrais, qu'il était bien du reste, et qui mettait son plaisir à la pousser, à se presser lui-même pour la voir s'éreinter à le suivre. Lorsqu'elle était blême de fatigue, ruisselante et étranglée de sa respiration, Périco riait.

Elle était contente de le faire rire. Cela lui faisait un plaisir d'orgueil, d'abord, et puis aussi autrement, car elle ne pouvait lâcher de regarder briller les dents blanches du Calabrais entre ses fines lèvres rouges, sous sa moustache toute menue et noire comme un trait de charbon.

Les petits yeux de Victoire clignotaient comme si elle eût regardé le soleil ; cela les mouillait. Mais elle mettait une gloriole à lui montrer qu'elle était aussi forte que lui, plus forte même, car un jour que Périco faisait le lâche au travail, disant qu'il n'en pouvait plus, elle lui donna une bourrade pour le coucher par terre, et elle fit le travail du Calabrais, après quoi elle acheva le sien, sans avoir pris le temps de souffler. Mais elle manqua en mourir. Et Périco ayant dit qu'il l'avait fait exprès, toute la maison s'égaya sur la vanité de la Rouge.

Cependant Victoire avait gagné quelque chose à cette activité sans relâche. Elle avait grandi, elle s'était quelque peu dégrossie. Le temps aussi avait effacé les trouées de son visage, où le printemps de ses ans mettait la grâce accoutumée. C'était encore une grosse fille, mais elle éclatait de santé, de fraîcheur, d'une sorte de sève de vie qui devait être son attrait pour l'homme des champs. Une taille ronde au-dessous de la saillie robuste et dure de sa poitrine, sa peau de rousse très blanche aux endroits où le soleil n'avait pas traîné, les mèches drues de ses cheveux flamblants, qui passaient, malgré tout, sous le fichu, se tortillant sur la nuque, derrière l'oreille, sur le front, presque au ras des yeux bleus très doux, sa bouche sensuelle, ses membres forts, les bras musclés, hâlés, veloutés de poils blonds, et ses jambes solides, également duvetées, lui donnaient l'aspect d'une vigoureuse femelle, bâtie à point pour l'amour robuste et la vaillante fécondité. Elle avait les senteurs fauves de sa couleur violente, mêlées à l'âpre fumet de la terre qu'elle retournait sans cesse et à la senteur des herbes et des fenaisons, des blés mûrs et des menthes sauvages qui tapissent les fossés où s'endorment parfois les filles de labour.

Cependant, pas un galant ne rôdait autour de Victoire. On l'avait vue laide, lourde, grotesque ; on ne s'aperçut pas qu'elle avait changé. Ensuite, comme elle ne possédait rien, et qu'elle venait on ne sait d'où, pas un garçon n'eut l'idée de songer à elle pour la mettre dans son ménage. Elle-même ne pensait plus à cela. Depuis l'âge de quinze ans, elle avait renoncé à cette fantaisie de plaire, qui met en folie toutes les filles. Et n'ayant jamais été recherchée, elle se crut absolument repoussante. Les fatigues du travail aidant, elle en prit son parti comme du reste.

Maintenant elle se croyait vieille et elle le disait. Et pourtant elle fut toute retournée un jour où Périco lui conta qu'il s'en reviendrait au pays, aux alentours de Noël, pour épouser sa promise. Elle ne savait pas ce qui lui était tout à coup tombé sur l'estomac et qui l'empêchait de souffler. Mais quand elle eut pleuré, cela alla mieux.

Depuis ce temps, Victoire demandait souvent la Jameau combien il y avait encore de jours à d'ici la Noël.

IV

Cette année-là fut une mauvaise année pour les vendanges. Le raisin n'en finissait pas de mûrir. Tout l'été les pluies avaient coulé, sans laisser presque voir le soleil. Aussi les Jameau, qui possédaient en ferme un beau vignoble sur un plateau, pas plus loin qu'à une journée de marche des côtes du Bordelais, les Jameau poussèrent la levée de leur récolte jusqu'à la première quinzaine d'octobre. Ils firent bien. Les autres avaient ramassé du verjus, eux trouvèrent des grappes mûres.

Mais la vendangée fut abominable par le temps qu'il fit tous les quatre jours de la cueillette. C'était une fouettée continuelle de pluie qui dégringolait d'un vilain ciel gris terne. C'était un vent raide qui collait cette pluie dans le dos ou sur la face, Il fallait toute la belle humeur de la jeunesse abattue sur le vignoble comme une nuée de grives, pour trouver le goût de rire et de chanter en coupant la grappe sous la feuillée qui dégoulinait.

Il y en avait trente, quarante, filles et garçons, les uns toujours trop près des autres, qui, tous ensemble, montaient ou descendaient chacun sa rangée de vignes, traînant de place en place le panier d'écorces tressées qui, à chaque pas, devenait plus lourd. Et les gourmandes grapillonaient, mordant à même le grain le plus gros et se mouillant le nez et les joues et les lèvres qui luisaient, rouges du jus. Elles allaient, se baissant et se levant, les jupes trempées, et parfois chantant toutes, à grande gueulée, une naïve chanson dont les deux ou trois notes, mélancoliques et traînantes, balancées sur un ton de plain-chant, longtemps s'entendaient par delà le coteau, promenées par l'écho sonore des bois.

Par instants, quand l'ondée devenait trop lourde, on se réfugiait dans la cabane dressée comme un pigeonnier tout au beau milieu du vignoble. Il y avait là, pour siège, une litière de sarments de vigne secs et liés, roulés en bottes.

Bientôt la cheminée fumait. Une cheminée vaste où l'on fourrait un fagot tout entier. La flamme crépitait avec une montée d'étincelles. Cela faisait se dégourdir les filles qui ne se gênaient point à sécher, comme elles pouvaient, toutes leurs guenilles ruisselantes, qu'elles tordaient à pleins poings. Puis, dans ces vapeurs et ces senteurs de bête humaine, chaude et mouillée, le goûter circulait. C'était une craquetée de dents blanches dans la mastication lente et à bouche ouverte du paysan du Midi. On parlait quand même, et de grands rires s'étranglaient au travers.

Les plaisanteries crues ne faisaient pas rougir les filles, sinon de plaisir. Et, dans l'équivoque d'un mot, c'étaient elles qui trouvaient le sens graveleux. Beaucoup d'entre elles, cependant, et même le plus grand nombre, étaient des filles chastes, au moins de corps. Mais la vie des champs, plus que toute autre, déflore vite l'âme des vierges.

La Victoire riait plus large que pas une, avec des secouées de grosse bête qu'on chatouille.

Pourtant elle ne s'arrêtait guère en ces flâneries et ne prenait point le temps de sécher ses nippes. Mais là, comme ailleurs, elle trimait.

C'est elle qui aidait les hommes à bouler le grain dans les comportes avant de verser dans les fûts. C'est elle qui soulevait les barriques pleines pour les hisser sur les charrettes. Et le plus gros poids lui était toujours laissé ; ce qui la flattait, d'ailleurs. Même que Périco faisait semblant parfois d'échapper le tinon qu'ils portaient ensemble par les deux bouts d'un gros bâton passé dans les oreillettes, afin qu'elle en eût toute la charge, et par surprise, ce qui la faisait trébucher lourdement. Les rires des autres encourageaient Périco. Il imaginait sans cesse quelque bon tour dont la Rouge était la victime.

Elle était devenue le jouet de toute la ferme, grâce aux inventions du Calabrais. Quelquefois les Jameau voulaient s'interposer, mais Victoire s'empressait de dire :

« Bah ! laissez-le faire, ça l'amuse et ça ne me fait point de peine. »

En effet, dès qu'elle avait bronché sur quelque piège tendu par Périco, elle le regardait en souriant de ses petits yeux tendres, et levait doucement les épaules comme elle eût fait pour une malice d'enfant. Pourtant une fois, elle trouva dans son chemin, à la hauteur de son visage, une grosse branche rugueuse qu'elle n'y savait pas. Toute sa joue fut écorchée, son front saignait.

Elle s'en vint trouver Périco et lui dit :

« Je sais bien que c'est pour rire ; mais il ne faudrait pas recommencer ; voyez, j'ai manqué me crever un œil.

— Eh bien ! dit-il, cela t'aurait fait changer de nom : au lieu de t'appeler la Rouge, on t'aurait appelée la Borgne. »

Puis, une nouvelle méchanceté lui poussant dans la tête, il ajouta :

« Allons, donne que je t'embrasse pour la peine. »

La Victoire essuya sa joue très vite, et, toute rouge de plaisir, elle la tendit à Périco, Mais lui allongea dessus une bonne claque et s'esclaffa dans un rire mauvais qui montrait ses fines dents blanches.

Et Victoire s'en alla, toute pleurante cette

fois, d'un mal qu'elle avait moins sur la joue que dans le cœur.

Le quatrième jour des vendanges, vers la fin, et comme on flânait un peu, n'ayant plus grande besogne, en attendant les bœufs qui devaient emmener les charrettes chargées, Périco imagina d'enfermer Victoire dans la cabane du milieu des vignes. Elle était seule, il tira la porte et tourna la clef. Puis il s'en alla.

Elle demeura bien environ une heure, appelant par le croisillon, mais sans être entendue. Les autres étaient loin, tout au bord du chemin, et la nuit qui venait empêcha qu'on remarquât son absence. Cependant, au bout d'une heure, les bœufs étant là, Jameau chercha sa servante.

Alors le Calabrais, qui craignait d'avoir son compte, s'en vint délivrer Victoire. Comme il approchait, il vit de la lumière aux fentes et la fumée au toit, en même temps qu'il entendait Victoire qui descellait la porte à grands coups de pierre. Elle s'était éclairée pour faire ce travail. Et comme elle cognait rude, ella avait jeté son fichu d'épaules, et celui de sa tête était tombé. Elle tirait sur la porte de toutes ses forces, et Périco l'entendait râler de l'effort. Tout doucement, il tourna la clef, et Victoire, qui tirait d'un bon coup, s'en alla rouler sur les sarments épandus, tout étendue et les bras en croix. Elle geignait, suffoquée, et se relevait, les cheveux pris dans les brindilles du bois. Des cheveux magnifiques, roux comme de l'or à cette flambée de l'âtre, et si longs, si épais, qu'ils l'ensoleillaient toute. Avec cela qu'elle n'avait au corps que sa chemise et sa jupe écourtée, et que sa peau blanche se voyait un peu partout.

Périco, qui la regardait sans rien dire, eut une pensée soudaine qui lui fit refermer la porte derrière lui. D'abord, il pensait que c'était un bon tour à jouer à la Rouge. Et puis, une tentation l'allumait.

Et comme elle allait se remettre debout, il la rejeta brutalement par terre.

. . . .

Maintenant les attelages s'en allaient lentement, lourdement, de çà, de là, trimballant les fûts pleins où pointait la vendange.

Les unes derrière les autres, toutes les charrettes suivaient, avec le grincement de leurs essieux et le craquement des roues sur les pierres rencontrées qui soulevaient la voiture par un coin et faisaient brusquement chavirer les fûts, dont le vin coulait. La pluie tombait plus rare ; mais le ciel était noir, et, pour éclairer la marche, les vendangeurs portaient haut une bottelée de sarments qui flambaient. Les uns aux autres rallumaient par instants leur torche dont la flamme couchée par le vent s'éteignait sous la pluie. Et cette clarté intermittente tombait tantôt sur une travée de vignes dont les feuilles tachées de pourpre apparaissaient tout à coup comme un champ de fleurs éclatantes, tantôt sur un taillis où traînaient des bois abattus semblables à des serpents noirs monstrueux et qui remuaient dans le jeu des ombres.

Chaque flaque d'eau devenait un miroir de feu. Les feuilles et les herbes mouillées étincelaient. D'un bout à l'autre du chemin rempli par cette caravane, des fumées montaient, à travers lesquelles rampaient les dos roux des bœufs énormes, lentement balancés. Et les vendangeurs, en pleine lumière, groupés autour des chars qui les grisaient de leur odeur de vin doux, scandaient leur marche alourdie en criant longuement leur même et éternelle chanson. Ils arrivèrent ainsi à la ferme. Derrière les autres, la Victoire tirait une charrette à bras où l'on n'avait mis qu'un fût plein, avec ceux qui revenaient à vide ; il manquait un cheval, elle s'était attelée.

Les bras tendus derrière elle, la croupe soulevée, elle allongeait le corps et, la tête basse, elle tirait.

Périco l'éclairait d'abord, portant une bottelée comme les autres. Puis cela l'ennuya. Il sauta dans la charrette à califourchon sur un tonneau vide, et Victoire tira plus fort. Seulement, parfois, elle retournait la tête, et ses yeux épeurés et tendres le regardaient d'en bas ardemment.

Ils entrèrent ainsi dans la cour où, des feux groupés, jaillissait une grande clarté joyeuse et chaude. Cela faisait comme une triomphale illumination à cette fête de Bacchus. Périco, pour faire son plaisant et divertir les autres, se fit traîner, avec des poses, longtemps, au milieu des rires et des cris, en frappant d'une gaule sur les reins tendus de la Victoire. Et il lui sifflait comme à ses mules en faisant claquer sa langue :

— « Eh ! hop ! la Rouge ! Eh ! hop !... »

V

Lorsque arriva le mois de mai, après un hiver si neigeux et refroidi que la rivière en demeura prise pendant près de six semaines, la Victoire, qui avait cassé les glaces en bonne route pour que les chevaux pussent marcher quand on menait vendre les porcs gras au marché de la ville, la Victoire, un peu fatiguée, tout de même, et qui commençait à traîner ses jambes, eut une émotion qui lui redonna des couleurs par toute la figure. Le curé vint la demander pour chanter les litanies de la Vierge, pendant le mois de Marie, avec les autres filles de la sainte confrérie, dans laquelle il voulait l'admettre. Et le droit jour de la Fête-Dieu, non pas à l'octave, elle devait être reçue et porter la bannière blanche en tête de la procession.

La fermière Catissou ronchonna bien dans ses dents qu'elle n'avait pas loué la Rouge pour lui faire brailler des litanies, mais elle n'osa pas dire non au curé ; et la Victoire s'en alla tous les soirs faire son service à la chapelle.

La clochette sonnait un bon quart d'heure, tout doucettement, pour donner à chacune le temps de changer son tablier et détrousser ses jupes ; puis les cierges s'allumaient tout au fond de l'église, dans un coin où il y avait une Notre-Dame avec son petit Jésus dans les bras, une couronne d'or sur la tête, et des fleurs de la saison dans des pots.

Alors, on entendait un grand tapage de sabots qui claquetaient du haut en bas des marches de pierre : c'étaient les filles de la confrérie qui accouraient.

Le curé en surplis se tenait devant l'autel, et il battait la mesure sur le dos de son bréviaire.

Après un temps, il entonnait le cantique en latin, et toutes les filles poussaient du haut de leur tête l'*ora pro nobis* plusieurs fois répété. Cette clameur s'envolait sous les voûtes qui en frémissaient, faisant pousser des cris aux oiseaux nichés dans les trous des fenêtres, et qui s'enfuyaient, éperdus, après avoir tournoyé plusieurs fois.

La nuit entrait par ces fenêtres en ogives tout en haut, La nuit était partout répandue, excepté dans le petit coin où luisaient les cierges. L'encens fumait, endormant les filles dans un embaumement mystique. Et puis, dans le silence, la voix du prêtre s'entendait sourde, monotone, comme un ronflement d'orgue soutenu et voilé par le registre bas.

Ensuite, une prière, et les cierges, un à un, s'éteignaient.

Alors le cliquetis des sabots revenait vers la porte, et les filles n'étaient pas dehors qu'elles s'éveillaient.

Sous le porche, guettaient les amoureux. On s'éparpillait, chacune tirant vers chez elle, par les chemins noirs qui tournaient çà et là, dans la bonne odeur des champs nouveaux, des feuillées fraîches, des lilas éclos et des haies recouvertes de leurs blanches robes du mois de mai.

La Victoire s'en revenait seule, n'ayant point de galant, Mais les visions lui tenaient compagnie. Elle revoyait longtemps la vierge toute brillante avec son petit sur le poing, et ça l'attendrissait.

Elle s'attardait à marcher lourdement, les mains croisées sur son ventre, le visage triste et les yeux vagues. Et sa pensée obtuse faisait des efforts pour comprendre le rapprochement que le prêtre venait de faire entre la vie de la

Sainte Vierge, dont il leur proposait l'exemple, et sa pauvre existence à elle, qui ressemblait mieux à celle d'une bête de somme.

Les subtilités de cet enseignement lui échappaient. Et quand vint le jour où le curé lui passa au cou le cordon bleu des Enfants de Marie, la Victoire n'avait pas encore compris le symbole angélique de cette décoration.

Néanmoins, elle s'empara docilement de la bannière lorsque toutes les cloches carillonnèrent la sortie de la procession. Et elle marcha devant, escortée de quatre petites filles juponnées comme des ballons dans des robes de percale blanche, couronnées de roses jusqu'aux oreilles, et qui la tiraillaient par les quatre rubans de la bannière qu'elles cramponnaient de leurs doigts rouges.

Tout le village suivait, et le dais fermait la marche. Ce dais portait des panaches et il était frangé d'or. Deux mauvais gars, morveux et pillards en semaine, propres et petits saints les dimanches et jours fériés, vêtus de surplis, balançaient l'encensoir et, marchant à reculons, jetaient en l'air des poignées de roses.

Le prêtre élevait l'ostensoir, et les cordons du dais s'écartaient pieusement aux quatre coins entre les mains de quatre notables du bourg, dont l'un au moins passait pour un fieffé coquin, ladre et méchant payeur, détourneur d'héritage et accapareur du bien d'autrui, hypocrite et sournois, qui trompait le bon Dieu lui-même et aurait vendu son âme pour un écu.

Plus d'un autre, comme lui, et plus d'une aussi parmi les dévotes confites, la lèvre en avant, le chapelet dans les griffes, l'œil de travers pour compter les absentes et surveiller les autres, ne valaient pas le diable et juraient à voir, dans la suite du Dieu de miséricorde comme des chiens galeux dans la meute d'un roi. Mais le ciel était si bleu, si haut, avec sa lanterne d'or, rayonnante, éclairant la campagne fleurie, verte et embaumée ! L'air chaud avait de tels frissons de vie et d'amour! Il y avait une si douce et si naïve poésie dans ce tableau tout grouillant de couleurs intenses, le blanc des robes, l'or des bannières, le rouge et le bleu des bonnets sur les têtes des jolies filles parées! Les bonnes femmes, le dos voûté, priaient d'une si confiante ferveur; les paysans gauches portaient à la main leur chapeau avec un respect si grave, que la procession passait comme une fête dans le plaisir et le recueillement de tous.

Elle montait à la croix du chemin, où le reposoir avait été dressé. La croix était enguirlandée: de loin, de haut, elle ouvrait ses bras chargés de fleurs. L'ascension était rude. On ralentissait. La Victoire était toute pâle, et le bois de la bannière tremblotait dans ses mains.

La Jameau, qui gardait le reposoir avec d'autres femmes, la voyant venir, se frotta les yeux, pensant avoir mal vu. Puis, elle attacha ses yeux sur la Rouge avec une fixité terrible, et la fermière devint blanche comme sa coiffe.

Ce qu'elle voyait, et elle ne voyait plus autre chose maintenant, c'était le ventre de la Victoire, ventre énorme, effrayant, qui lui tombait sur les jambes et lui remontait jusqu'à la gorge. Et ce ventre s'avançait portant la bannière des vierges.

Au pied de la croix, il y avait une table avec un linge blanc, deux vases dorés pleins de lys et des cierges.

La foule était agenouillée maintenant ; l'encens fumait, les chantres criaient le *Tantum ergo*, et loin, jusqu'au bout de la procession, les fidèles répétaient le chant sacré. Puis dans le silence, le prêtre éleva l'ostensoir. La sonnette de l'enfant de chœur tintinabulait, et l'on entendait dans les arbres siffler les merles et chanter les fauvettes.

La Victoire mit une main par terre pour se relever, et son visage suait malgré qu'elle fût très pâle. Apercevant la Jameau qui la regardait, elle tira sa jupe par devant. Mais la jupe levait presque jusqu'à mi-jambes. Alors elle se tint penchée en avant pour le retour. Mais elle se méfiait; et elle vit des gens qui riaient, d'autres qui s'indignaient en la regardant passer, menant ainsi le troupeau des vierges.

En rentrant à la ferme, le soir, elle souffrait par tout le corps et avec une peur qui la bouleversait. La Jameau qui l'attendait sur le seuil, lui saisit le bras rudement et lui cria une grosse injure. Victoire ne répondit rien, regardant devant elle, l'air hébété.

Alors, la Jameau s'emporta, lui montrant le poing, lui disant qu'elle avait porté la honte dans sa maison et qu'il fallait qu'elle fût une bien effrontée coquine pour avoir osé promener ainsi son infamie par tout le village. Puis elle lui demanda depuis combien de temps elle était grosse.

« Depuis les vendanges, » répondit la Rouge.

La fermière ne disait plus un mot sans apostropher Victoire des noms les plus infâmes, comme elle fit pour lui demander quel était son galant.

Et la Rouge, baissant la tête, murmura qu'elle n'en avait pas.

La fermière demeura saisie. Comment, elle n'en avait pas? Elle se livrait donc au premier venu, comme cela, sans savoir? Alors elle ne savait pas qui l'avait mise en cet état? Mais quelles horreurs avait-elle donc commises?

Et la Jameau, hors d'elle, la souffleta en criant :

« Répondras-tu?...

— C'est Périco, gémit la Victoire qui sanglotait.

— Périco! mais il est marié depuis les fêtes de Noël! Et il était accordé quand il vint chez nous. Il n'a pas pu te promettre le mariage. Alors pourquoi l'as-tu écouté? C'est donc par vice, parce que tu es une vaurienne, une coucoureuse comme ta mère, dis, dis?...

— Je ne savais pas... balbutia Victoire, la

tête dans son mouchoir, étouffée de ses larmes qui lui gonflaient la gorge.

— Tu ne savais pas! Tu n'avais pas la force de te défendre non plus, pas vrai?

— J'ai pas pu, j'ai pas pu... recommençait toujours la Rouge, qui semblait vouloir s'expliquer; elle marmotait des mots. Enfin, elle dit : C'est pas la force qui m'a manqué, au contraire, c'est que je voulais pas lui faire de mal, parce que, voyez, avant lui, personne jamais ne m'avait embrassée! Jamais... Et alors, ça m'a tourné le cœur; il m'aurait tuée que j'aurais pas pu me défendre. »

On eût dit qu'elle se souvenait, à la voir regarder par terre, devant elle, avec un air doux, attendri, de ses petits yeux devenus rêveurs.

Mais la Jameau la réveilla.

« Eh bien, dit-elle, te voilà un enfant sur les bras, maintenant, c'est du propre? Que vas-tu faire? »

Ces mots ramenèrent dans la pensée de Victoire le souvenir de ses visions des soirs de mai. Elle répondit naïvement, et avec une sorte de plaisir :

« Un enfant ! comme la Sainte Vierge.

— Misérable ! cria la fermière indignée. Oses-tu te comparer à celle que tu as outragée !

— Mais, reprit Victoire obstinée, elle a bien un enfant aussi, elle ? »

C'est tout ce que la Rouge avait compris de plus rapprochant à sa situation, quand le prêtre lui proposait l'exemple des vertus de Marie, et qu'elle l'écoutait, les yeux levés pendant des heures sur cette douce figure de femme, couronnée d'étoiles, qui portait son enfant dans ses bras.

Aussi, lorsqu'elle pleurait sur les remontrances et les reproches de la Jameau, c'était plutôt ses nerfs, tendus par la fatigue de la grossesse, qui la rendaient sensible, que le sentiment d'une honte réelle pour une faute dans laquelle elle ne comprenait pas bien quelle était sa part de responsabilité.

La Jameau lui déclara, avec le dernier mépris, qu'elle finirait mal, mais ne voulait plus entendre parler d'elle. Et, sur l'heure, elle lui fit son compte.

La Rouge n'avait jamais pensé qu'elle pût quitter la ferme.

Quand elle se vit chassée, elle beugla et se jeta par terre si rudement, qu'elle se fût sûrement blessée, si elle eût été moins endurcie. Mais rien n'y fit : la Jameau était têtue, et de plus très regardante sur le chapitre de l'honnêteté, sans la moindre charité, ni pitié pour quiconque avait failli.

Bon gré, mal gré, elle obligea la Victoire à ramasser ses hardes. Et, bien que la nuit fût arrivée, elle jeta dehors la fille avec son paquet et son ventre énorme qui la tourmentait parce qu'elle avait faim et qu'on oublia de la faire souper.

« Où vais-je aller? criait-elle, s'accrochant à la porte.

— A l'hospice, d'où tu viens, répondit la Jameau ; c'est là où les vicieuses comme toi vont poser leur paquet. Bonsoir. »

Et, sur elle, on barra la porte.

Victoire se délibérait de demeurer là, couchée en travers, jusqu'au lendemain. Elle ne bougea d'un bon temps, essayant d'endormir sa faim.

Mais voilà qu'une chose étrange se remua en elle, qui la fit souffrir à crier. Elle ne dit rien, mais se mit debout et prit sur-le-champ, la route par le côté qui menait à la ville, à l'hospice.

Elle comprenait que le temps pressait. Et maintenant la peur la tenait d'accoucher là. Non peur pour elle, mais pour le petit qui arrivait. Il y avait bien une bonne heure de chemin, à pied et lourde comme elle était.

Le dos courbé sous le faix de ses hardes, elle quitta le village et s'engagea sur la route, déserte à cette heure, toute blanche de poussière sous le ciel très étoilé, avec sa bordure de peupliers qui la rayent par le travers d'ombres égales.

En s'en allant, la Victoire pensait que sa mère, qu'elle n'avait jamais connue, avait dû l'enfanter ainsi, un soir, chassée aussi peut-être, et elle se demandait obstinément, avec un effort de sa pauvre cervelle étroite, quel mal elle et sa mère avaient donc fait.

DEUXIÈME PARTIE

VI

Pendant vingt ans, M. et Mme Maleyrac avaient vendu du fer avec la quincaillerie qui est jointe à ce commerce. Parmi les négociants de la petite ville de Ribérac, on les tenait pour notables.

Madame aidait à la vente les jours de marché; mieux que personne elle avait la langue qu'il faut pour entortiller les paysans. Les plus madrés n'en réchappaient pas sans y laisser leurs gros sous.

Le dimanche, elle s'habillait avec de la soie, du velours, des plumes ; elle conduisait sa fille Élise à la grand'messe, et, sous le porche de l'église, elle ne manquait guère de s'arrêter en rond avec d'autres bourgeoises de la ville pour faire des révérences, se rengorger, se donner des airs cossus et parler du renchérissement des choses et des méfaits de ses servantes.

Il y avait là quelques femmes d'avoués, des petites rentières, un monde fier enfin, qui prenait des façons distinguées pour se dire combien l'on était malheureux d'être obligé de se faire servir aujourd'hui, car ces filles avaient tous les vices. Chacune avait son histoire à raconter, et elle la disait très haut pour être entendue par les petites bourgeoises qui passaient, très vexées de n'avoir pas de servantes dont elles pussent se plaindre.

Ensuite Mme Maleyrac organisait dans « son

salon » de petites sauteries, le dimanche soir, sous le prétexte de faire amuser son Élise, mais en réalité pour faire du genre, faire parler de ses « soirées » et attirer chez elle les femmes de notaires ou d'avocats, la crème enfin, et qui venaient là parce qu'elles avaient des filles à marier.

M. Maleyrac ayant gagné environ deux cent mille francs, vendit sa boutique et devint rentier.

Désormais, Mme Maleyrac ne fréquenta plus que la haute bourgeoisie et porta sa robe de soie tous les jours.

Cependant, son ambition n'était point satisfaite : il lui fallait posséder une « campagne », On acheta « les Andrives », une terre à vignobles, mais qui n'était pas bâtie. Tant mieux, on ferait bâtir à son gré. Et ce gré se traduisit par une façon de château genre Louis XIII, défiguré par une belle pierre blanche, aux endroits où la brique rouge était indispensable, mais qui ne paraissait à Mme Maleyrac ni assez « riche » ni assez « comme il faut ».

Le bâtiment leur coûta cent mille francs net. Quand il fallut le meubler, l'ancien marchand de fer jura comme un païen qu'il n'y mettrait pas un liard. Et pour cause : les Maleyrac se trouvaient à demi ruinés.

On répartit çà et là les vieux meubles de la ville, et cela parut tout à fait piteux aux invités qui vinrent pendre la crémaillère au château des Andrives.

Les chambres, très bien peintes et tapissées, quelquefois n'avaient pas de chaises, ou bien c'était la table qui manquait. On voyait un pot à l'eau sur le marbre blanc d'une cheminée, ou bien encore le bougeoir reposait sur un vieux fauteuil qui servait de table de nuit. Les fenêtres sans rideaux montraient leurs vitres claires.

Cependant le salon paraissait moins vide grâce au grand vieux piano carré, avec ses supports énormes d'acajou massif, qui remplissait tout un coin. A l'autre bout le canapé, tout aplati par un long usage, et dont le reps vert montrait la ficelle de sa trame à ses deux bras. Il y avait au mur la *Promenade de Bélisaire*, portant son casque à la main pour mieux montrer qu'il était aveugle, et aussi une peinture représentant M. et Mme Maleyrac quand ils étaient nouvellement mariés; lui en cravate blanche, elle une rose à la main.

Mais Mlle Maleyrac datait ses lettres sur papier rosé du « château des Andrives ».

Il fallut toute l'économie habituelle de Mme Maleyrac pour joindre les deux bouts avec les revenus qui leur restaient, et le train de réceptions qu'elle s'obstina à mener. Ces économies portaient naturellement sur le nécessaire. On mangeait mal, on s'habillait de loques quand on était seul, et les domestiques, toujours mauvais parce qu'on les prenait à bas prix, étaient traités comme des chiens, peut-être moins bien encore. Aussi ils défilaient comme une procession chez les châtelains des Andrives. Quand ceux-ci eurent épuisé la contrée et qu'il ne resta plus à vingt lieues à la ronde une fille mal famée qui n'eût fait ses huit jours au service des Maleyrac, l'ancienne marchande prit le train et s'en alla, au chef-lieu du département, chercher une servante à l'hospice.

« Précisément, lui dit la Mère supérieure, nous avons en ce moment une fille qui a toutes les qualités d'une bonne domestique. Seulement elle a besoin d'être surveillée.

— Oh! chez moi, répliqua Mme Maleyrac, les servantes sont gardées au doigt et à l'œil. Comme je leur dis : Je vous passerai bien des choses; mais pour la conduite, si l'on vient à broncher, à la porte. »

La Révérende Mère baissa plusieurs fois le menton d'un air grave et satisfait. Puis elle dit à la Sœur tourière de faire appeler Marie-Eugénie Victoire.

En l'attendant, on débattit le prix; et Mme Maleyrac fut très agréablement surprise d'en être quitte pour cent trente francs par an, ce qui commençait à n'être plus que le salaire des petites bonnes dans la contrée où tout renchérissait. Elle pensa qu'il devait y avoir quelque chose là-dessous. Mais pourvu que la fille ne fût pas une voleuse, tant pis du reste, ma foi, puisque aujourd'hui on n'en pouvait plus trouver ni comme cela ni autrement.

Et elle vit approcher Victoire.

D'abord, elle la trouva un peu lourde ; mais elle lui parut si soumise avec son air honteux, les yeux baissés, qu'elle fût contente tout de même en réfléchissant qu'elle en ferait ce qu'elle voudrait et la mettrait au pas sans avoir à craindre, de celle-ci, les rebiffades et les insolences.

« Je veux bien vous prendre, sur les recommandations de Mme la supérieure, lui dit-elle d'un ton fort noble, avec ce dédain qui marque bien la supériorité qu'on a sur de telles petites gens, en même temps qu'une douceur feinte de la voix, naturellement aigre, voulait persuader Victoire de la grande patience et bonté de sa nouvelle maîtresse. — Mais, ajouta Mme Maleyrac, il faut me promettre d'être sage et d'accomplir exactement tous vos devoirs religieux. Je vous apprendrai le service d'une grande maison, et quand vous sortirez de chez moi, vous pourrez vous présenter n'importe où. C'est à considérer, cela, ma fille. Voyons, êtes-vous décidée à tout faire pour me contenter ? »

Victoire écoutait, devenant très rouge, ne comprenant pas bien tout ce qu'on lui demandait. Mais la voix rude et brève de Mme la supérieure la secoua. Elle lui avait dit violemment :

« Répondez donc, et remerciez madame qui veut bien avoir la bonté de se charger de vous. »

Victoire balbutia :

« Oui, ma chère mère, je vous remercie bien. »

Et elle faisait une révérence comme en passant devant l'autel, la tête baissée, honteuse.

« Je vous emmène, » dit Mme Maleyrac.

La supérieure ajouta, menaçante :

« Et vous m'entendez, Victoire ? si vous vous conduisez mal, il est inutile que vous reveniez ici, je ne vous recevrai pas. Vous me comprenez ? Je ne vous recevrai pas... Allez ! »

Mme Maleyrac tenait enfin un sujet qu'elle pourrait dresser et garder. Triomphante, elle l'emmena.

Bien qu'il n'y eût que deux heures de trajet environ pour le retour aux Andrives, tant en chemin de fer qu'en voiture, — la voiture de Mme Maleyrac, une espèce de cabriolet d'occasion, qui l'attendait à la gare, — ces deux heures suffirent pour donner à Victoire un avant-goût des travaux forcés auxquels le sort venait de la condamner. Mme Maleyrac avait commencé par la mettre au courant, disait-elle, des habitudes de la maison et du service qu'elle aurait à faire.

Le chapelet s'allongeait interminablement, et Victoire entendait nommer, pour la première fois des choses dont elle n'avait jamais soupçonné l'existence. A chaque nouvelle phrase de sa maîtresse, qui débutait par dire : « Ensuite vous ferez cela... » Victoire ouvrait plus grands ses petits yeux effarés, et des sueurs lui coulaient sur la joue, tandis que Mme Maleyrac se rengorgeait, satisfaite d'avoir enseigné tant de choses à une fille qui ne savait « rien de rien, » et terminait en disant :

« Maintenant que vous savez tout ce que vous aurez à faire, j'espère que vous ne m'obligerez pas à vous le répéter. »

La vue de la campagne autour des Andrives soulagea un peu la Victoire. Les prés, les bois, les champs lui étaient familiers, et elle se rassura en apprenant qu'elle aurait aussi de l'occupation au dehors. Pour cela elle ne craignait personne. On le verrait bien.

On lui fit dételer la voiture, étriller le cheval,

frotter les harnais, tirer le foin dans le râtelier ; et, derrière ses talons, Mme Maleyrac répétait sans cesse :

« Allons, allons, dépêchons-nous : il ne faut pas traîner comme cela. Vous n'êtes pas ici chez des paysans ; il faut être leste... »

Et Victoire se hâtait.

Vite, on la poussa dans la cuisine. Elle tenait une casserole, on l'appela à grands cris pour défaire les bottines de mademoiselle.

Lorsqu'elle eut rompu tous les boutons dans ses gros doigts malhabiles, elle fut rappelée en bas par des glapissements de fureur : la casserole avait brûlé. Elle dut la récurer, et comme elle avait coutume de torcher les chaudières des paysans, elle défonça net la casserole. Mme Maleyrac ne se connaissait plus.

A table, elle ne sut jamais enlever les assiettes, en les empilant, et passer en même temps l'assiette blanche.

Les fourchettes dégringolaient sur les robes,

la sauce coulait, Victoire tremblotait de peur. On lui dit qu'elle avait l'air « mouzon », et que rien n'était désagréable à voir comme une figure renfrognée. Alors elle pensa qu'il fallait rire quand elle faisait une sottise ; mais on l'avertit qu'elle était une « sans cœur », et qu'il ne fallait pas qu'elle prît des airs de se moquer des observations qu'on lui faisait.

Mais, vite, on l'arracha au lavage de ses assiettes pour l'envoyer traire les vaches, faire la paillée aux moutons, cuire aux porcs, fermer la volaille.

Encore toute puante de ces travaux, elle dut grimper dans les chambres, faire les couvertures, et toujours vite, vive, monter un verre d'eau sucrée à monsieur, allumer une flambée chez madame, portée des bougies, trimbaler du haut en bas, trébuchant aux marches, se cognant au mur, essoufflée, assourdie, hébêtée, avec, dans les oreilles, les « dépêchez-vous donc » furieux de Mme Maleyrac.

Cependant elle revint à sa cuisine, nettoya, frotta, lava, tandis que les chaussures crottées de toute la famille attendaient leur tour.

Alors elle s'assit et prit ses brosses.

Et pendant une heure, elle brossa d'un geste régulier et cadencé qui la faisait s'endormir.

Une petite lampe, dont la mèche avait été soigneusement baissée par Mme Maleyrac, éclairait vaguement la Victoire accroupie, avec le va-et-vient de son coude, la somnolence de sa tête, l'écrasement de tout son corps de bête à travail, dans le silence profond de la nuit où, seule, elle veillait.

Quand elle se leva, étirant ses membres, il était minuit. Elle s'en fut coucher dans la mansarde qu'on lui avait montrée, tout en haut, et les pieds nus pour, en passant, n'éveiller personne.

VII

Victoire n'avait pas mangé à sa faim ce soir-là. Elle demeura sans dormir, repensant à tout ce qu'elle venait de faire dans cette fin de journée et qui lui dansait maintenant dans la tête à la rendre malade.

Cela lui faisait un bruit que dominait pourtant la voix de Mme Maleyrac. Elle écoutait, croyant l'entendre encore, et cela lui donnait des peurs.

Cependant, elle se disait qu'il fallait s'accoutumer à tous ces ennuis, parce qu'elle était encore bien heureuse qu'on eût voulu la retirer dans une maison honnête, malgré « sa faute ». Et puis, elle préférait bien se tuer au travail que de retourner à l'hospice, où on lui rappelait sans cesse ce qu'elle avait fait, l'obligeant tous les soirs et tous les matins à en demander pardon à Dieu dans ses prières, et lui faisant des hontes continuelles à propos de ce malheureux enfant.

Ensuite elle se donnait du courage, parce qu'on lui avait promis de lui faire rendre son petit quand elle aurait les moyens de l'élever, et elle se faisait maintenant une joie d'avoir quelqu'un à qui penser et qui lui fût quelque chose dans la vie. Elle ne se sentait plus seule, comme avant. Aussi, ça l'empêchait d'avoir beaucoup de regret de « son malheur » malgré qu'on lui en dît, parce que, depuis même le premier jour où Périco l'avait si rudement embrassée, elle avait pris à vivre un plaisir qu'elle n'aurait jamais connu sans cela.

Maintenant elle avait des pensées, et ça l'occupait pendant ses fatigues : elle en souffrait moins.

Lorsqu'elle descendit le matin, sur les cinq heures, Mme Maleyrac lui demanda si elle avait attendu qu'on lui montât un chocolat avant de se lever.

Victoire ne comprenait pas : elle répondit « non » avec candeur. Mais Mme Maleyrac l'appela « insolente », et la menaça incontinent de la renvoyer à la supérieure si elle continuait à se conduire aussi mal.

Victoire éclata en larmes, ce qui radoucit beaucoup Mme Maleyrac, car cela témoignait du désir de ne pas la quitter, et ce cas était assez rare pour qu'elle en fût attendrie.

La journée ne s'en passa pas moins rudement pour cela ; mais Victoire était résignée.

Au bout d'un temps, elle était accoutumée au train bizarre qu'on menait au château des Andrives.

Tantôt elle courait par les terres, les pieds nus, bêchant, semant, raclant ; ou bien elle faisait des herbes, coupait des bruyères, traînait les fumiers.

Tantôt, si quelque visite survenait, elle se fagotait jusque sous les bras dans un tablier blanc et venait passer un plateau de sirops ou de liqueurs, quelquefois les mains encroûtées de terre sèche et sous ses jupes boueuses ses pieds noirs dont les orteils passaient.

Toujours maladroite à ce genre de service, Victoire butait ou versait quelque chose, et Mme Maleyrac, alors, s'exclamait, les yeux au ciel, avec des mines distinguées, se faisant plaindre d'être si malheureuse à ne pouvoir dresser une fille pour la servir convenablement.

Mais, en dedans, elle n'eût pas changé la Victoire pour n'importe quelle autre, car elle lui faisait le travail de deux serviteurs, sans compter le sien dans la maison, et rien ne chômait.

Il est vrai qu'à ce régime, Victoire s'était efflanquée. Elle jeûnait et elle trimait, dormant à peine cinq heures par nuit. Mais elle passait de bons moments tout de même quand on l'en voyait travailler dehors. Mme Maleyrac ne pouvait l'y suivre, et c'était un soulagement.

Ensuite elle s'y rencontrait toujours avec des gens comme elle, des paysans, des ouvriers de la terre, et elle trouvait là un milieu familier où elle se détendait. Les gros rires partaient, avec les plaisanteries salées. On se bourrait du poing aux épaules, on mangeait ensemble, assis par terre, les genoux hauts, la mâchoire lente, la pointe du couteau aux dents. Il y avait des garçons, et l'on parlait d'amourettes.

Il arriva que l'un deux fut séduit par les bras robustes et vaillants de la Victoire, et lui dit gauchement que, si elle voulait, on pourrait bien quelque jour leur faire la noce.

Victoire avait pleuré de plaisir. Et malgré

que l'affaire traînât à cause des travaux qui pressaient, on en reparlerait comme d'une chose à faire dès qu'on aurait le temps.

Aussi la Victoire n'était jamais à commander quand il lui fallait aller aux champs. Elle partait toute la première et revenait après les autres.

Un jour qu'on faisait les foins, Victoire fanait, retournant à grande fourchée et l'éparpillant ensuite, l'herbe encore verte, que le soleil séchait, dégageant ses parfums. Sa paillole sur la tête, les bras nus et roux, elle se démenait comme toujours, courant d'un tas à l'autre et piquant sa fourche.

On l'appela d'une voix claire. Elle aperçut au bord du pré, Mlle Élise qui lui faisait de grands gestes avec le disque rouge de son ombrelle. Victoire accourut, c'était une mauvaise nouvelle. Il lui fallait tout planter là pour retourner à la maison faire la cuisine à la compagnie qui venait d'arriver.

« Et vite, vite, répétait, après sa mère Mlle Élise. Dépêchez vous. »

Victoire se hâta, très malheureuse au fond et suant d'angoisse à la pensée des tribulations qui l'attendaient.

En effet, elle ne fut pas en vue du château qu'elle trouva Mme Maleyrac, rouge de colère, les yeux hors de la tête, et qui l'invectiva. Il fallait donc la croix et la bannière pour la faire suivre, celle-là ? Jamais pressée, quand même même le feu serait à la maison.

Et la dame se hâtait, allant devant la Victoire, comme si elle la traînait, et clochant d'un pied sur l'autre dans les bottines percées et éculées qu'elle n'avait pas eu le temps de remplacer. Sous sa robe de soie passaient les filoches d'un jupon sale. Mais elle tenait à la main la chaîne d'or d'un lorgnon qu'elle se portait aux yeux d'un air impertinent lorsqu'il y avait du monde.

En trottant, elle racontait le menu à Victoire

abasourdie. Il fallait saigner promptement deux canards, trois poulets, étouffer un couple de pigeons, éplucher les légumes, mettre la broche, tourner une crème...

C'était la tête de Victoire qui tournait. Elle ouvrait la bouche et tordait l'angle de son tablier en se déhanchant, essoufflée, derrière la dame sèche et maigre qui toujours racontait en courant. On ferait une compote et puis des beignets, et l'on irait au bourg chercher la salade.

« Qui ça, madame? s'écria, malgré tout son respect, Victoire épouvantée.

— M. le curé, répondit furieusement Mme Maleyrac. Il faudra peut-être que je vous donne un valet pour faire votre service, fainéante! Mais voyez-la donc plantée comme une borne! Est-ce que vous attendez que les poulets viennent s'embrocher tout seuls, ou que les canards vous portent leur tête à couper. Voulez-vous bien courir, grosse bête... »

5

Et Victoire reprit sa galopée autour de la cour, criant :

« Petits, petits, petits, té, té !... »

Et ceux qu'elle empoignait, elle les fourrait dans sa jupe troussée, beuglant et battant des ailes, car elle les meurtrissait dans ses grosses mains affolées.

Quand elle eut saigné, tordu, étranglé à peu près son compte, elle s'accroupit en un coin de la cour pour éplumer toute cette volaille encore pantelante. Mais le temps pressait trop pour qu'elle s'attardât à l'achever. Elle tirait, tirait, arrachait les plumes dorées, blanches ou bleues qui voletaient autour d'elle, et le fin duvet roux qui se collait à ses doigts sanglants.

Voilà qu'elle vit venir de son côté, marchant à petits pas, les yeux baissés, l'ombrelle renversée sur l'épaule, Mlle Élise, en compagnie d'un jeune homme qui lui disait quelque chose à voix douce, en souriant.

Derrière, à quelques pas, suivaient deux dames, dont Mme Maleyrac, et, plus loin encore, un groupe d'hommes. Cette procession marchait avec un air de solennité attendrie.

Victoire se rappela les choses qu'on avait dites à table, ces jours passés, pendant qu'elle servait, et, tout de suite, elle devina qu'il s'agissait des accordailles de Mlle Élise. La noce devait suivre bientôt.

Cette pensée fit une joie à Victoire, car elle voyait un bonheur dans le mariage. Et comme elle était bonne fille, elle se réjouissait de ce bonheur qui arrivait à mademoiselle, en même temps qu'elle songeait au sien qui ne tarderait guère, après la levée des récoltes.

Elle arracha ses plumes, à pleins poings, tout excitée par cette joie. Mlle Élise, en passant, coula ses regards brillants et un peu fiers sur la servante; puis elle s'arrêta net, faisant un grand cri.

« Maman! maman!... Victoire plume un canard qui n'est pas mort... Quelle horreur! Mais tuez-le donc, mauvaise fille, vous voyez bien qu'il remue les ailes... C'est affreux, le cœur me tourne... »

Le fiancé soutint Élise toute pâle qui s'évanouissait.

Mᵐᵉ Maleyrac avait bondi, et elle beuglait des injures à Victoire, les poings en avant. Tandis que celle-ci tordait la bête entre ses genoux, pour l'empêcher de bouger, et lui arrachait son duvet si vite qu'elle pouvait, en répondant très calme :

« Eh bien ! eh bien ! qu'est-ce que ça fait ? Il mourra bien tantôt dans la casserole. »

Toute la compagnie s'était groupée autour d'elle, et on l'apostrophait durement avec des gestes indignés. Victoire n'y comprenait rien, honteuse seulement de ce monde qui la regardait.

Puis la promenade recommença, agitée par cet événement, et Victoire entendait des voix apitoyées qui plaignaient les pauvres bêtes sans défense, que ces misérables servantes martyrisaient. Mais ces filles n'avaient ni cœur, ni entrailles : des brutes. Il fallait les voir le couteau à la main : elles riaient! Mme Maleyrac racontait en gémissant que la Victoire avait saigné un porc, toute seule, sans la moindre émotion. Et quelqu'un ajouta :

« Remarquez que ce sont presque toujours les servantes de la campagne qui tuent leurs enfants. L'habitude a détruit leur sensibilité. Ces filles sont très dangereuses. »

Mme Maleyrac confessa que la Victoire, avec ses cheveux rouges, ses petits yeux sournois et sa grosse insensibilité de bête, lui faisait peur.

Et la Victoire, qui écoutait tant qu'elle pouvait, écrasa sous son pied nu un poulet qui se débattait d'une aile demi-brisée; et elle se dit, haussant l'épaule :

« Faut bien que quelqu'un le fasse, pourtant! »

VIII

Quelques semaines plus tard, on mariait Élise. La noce se fit aux Andrives. On était à la fin de juin. Les parents et amis des deux familles s'étaient abattus sur le logis des Maleyrac comme une compagnie de sauterelles. Il en était venu pendant deux jours tant et plus, si bien qu'on ne savait maintenant où les loger.

On avait couvert de draps une étalée de foin dans les greniers, et les jeunes gens couchaient là, non pour dormir, mais pour s'amuser à faire cent sottises niaises et bruyantes qui emplissaient la maison de vacarme. Toute la nuit, cela buvait et mangeait, et fumait, et chantait, tandis que toutes les chambres en dortoir étaient occupées par les dames et les fillettes que ce train de noces émoustillait. On avait chassé Victoire de sa mansarde pour en faire un cabinet de toilette. Elle porta ses couvertures dans une étable, sur un tas de paille fraîche où elle s'en venait dormir une heure ou deux par nuit, quand elle avait le temps.

Malgré le train d'enfer qu'il lui fallait mener à cette occasion, la Victoire se divertissait comme pas une, et jamais de sa vie elle n'avait tant ri. C'est qu'on lui avait donné des aides, d'abord, et parmi ceux-ci, le garçon de ferme qui lui parlait pour l'épouser. Volontiers, il trôlait autour de Victoire, soi-disant pour l'aider, et elle en crevait d'aise. Sa figure grêlée riait par tous les trous. Ensuite on s'occupait d'elle. Cette jeunesse du grenier à foin la pourchassait, un peu fort quelquefois, et les uns l'attrapaient derrière une porte pour l'embrasser ou bousculer son corsage et ses hanches qu'elle sauvait à grandes bourrades, mais en s'esclaffant, toute enflammée d'un plaisir de femme attaquée qui lui donnait des sensations nouvelles et joliment plaisantes.

L'un des frères du marié, surtout, un soldat, un dragon, avec des galons sur sa veste et une grande queue de cheval qui lui trimballait sur le cou, pendant au bout d'un casque d'or.

Dès qu'elle voyait venir ces jambes rouges, lestes, qui lui couraient après, elle en perdait le souffle, tant cet être nouveau et brillant l'émerveillait. Pourtant elle secouait ses bras et se faisait lâcher, se fâchant même parce qu'avec lui elle n'était pas la plus forte, et qu'il lui restait comme une angoisse de la brutalité formidable de l'homme. Lui, frisant sa courte moustache blonde, lui disait des mots galants avec des airs penchés et des soupirs et des yeux qui flambaient.

Au fond, la Victoire était flattée de sa conquête. N'était peut-être le paysan, qu'elle aimait comme son promis, se fût-elle désarmée pour le beau dragon au casque d'or qui parlait si bien.

Tout cela lui donna de l'occupation pendant ces deux ou trois journées, autant pour le moins que le service de Mme Maleyrac; mais, comme elle en semblait devenir plus leste, son service n'en souffrit point, au contraire.

Cependant, le jour des noces, Victoire était presque cassée de fatigue. Elle disait que les bras lui tombaient, et que les jambes lui rentraient dans le corps.

On l'avait habillée de neuf; elle parut superbe. Sous son bonnet de tulle blanc, les mèches fauves de ses cheveux, plantés droits sur le front et les tempes, s'échappaient vigoureuses en tourbillonnements épais et rudes. Son visage lavé, et comme poudré par les taches rousses de sa peau laiteuse, était frais et gai.

Après le souper des maîtres, vers minuit, lorsqu'elle s'attabla, en ses atours, avec tout ce qui était du service, elle parut une personne d'importance, d'autant mieux qu'elle servait et ordonnait tout comme étant de la maison. Le garçon de ferme la regardait de plus en plus fort à mesure qu'il buvait et que la Victoire se montait la tête elle-même, à tant manger et boire, pour faire la noce. Elle aussi reluquait ses amoureux et se sentait tout autre à être enfin considérée et prisée pour ce qu'elle valait.

Elle pensait tout le temps à son prochain mariage, et ces idées la rendaient comme un peu folle, la faisant rire, avec des sueurs et des petits frissons de sa chair robuste.

Tantôt, elle se voyait marcher, toute roide, à grandes enjambées, en tête du cortège de ses invités, avec sa robe neuve, son châle de cachemire à dessins jaunes, son bonnet blanc à rubans de satin, et le bras passé sous celui du « novié » en veste longue, tandis que le violoneux jouerait des airs guillerets en ouvrant la marche.

D'autres fois, quand un coup de vin pur lui piquait les yeux, elle avait d'autres pensées, et elle s'en allait sur le dos de sa chaise en criant de rire, comme si on la chatouillait.

Et tout autour de la grande table de cuisine, éclairée par des chandelles de suif aux mèches fumantes, c'était un tapage de grosses voix rudes et de criailleries de filles qui montaient dans la fumée des plats et l'odeur vineuse, et la buée de ces souffles chauds, épais, aux senteurs violentes et comme saturées d'épices.

Une fois le beau dragon vint faire le tour des chaises en fumant son cigare.

Puis il revint encore, portant sous ses deux bras des bouteilles coiffées d'argent, dont il fit éclater les bouchons à l'oreille des femmes épeurées. C'était du champagne. Il versa lui-même une pleine verrée à la Victoire, qui l'avala d'un trait. Elle en demeura étourdie, la cervelle détraquée, les paupières battantes.

Le soldat s'appuyait à sa chaise, lui touchant le dos de son corps dont la chaleur l'engourdissait dans un plaisir inconscient.

Tout à coup, Mme Maleyrac apparut dans sa superbe toilette de satin clair, si impérieuse et imposante que le silence se fit comme par miracle.

Elle déclara de haut qu'il était temps que cette orgie prît fin. En même temps son œil irrité courait par la table, où l'on avait dévoré des restes dont toute la famille eût vécu pendant une semaine.

Les paysans reculèrent leur chaise en baissant la tête. La Victoire fit le geste de se lever, mais ses jambes, molles, pliaient.

Alors le dragon demanda plaisamment si la mariée était couchée. Et, malgré le respect, tous les rires s'échappèrent avec des mots çà et là qui chassèrent Mme Maleyrac indignée.

Cependant les gens s'en allaient par groupes, tirant vers les granges pour s'y arranger jusqu'au jour.

Victoire essaya de mettre de l'ordre. Mais elle dut y renoncer.

La table tournait, et tout autour d'elle remuait, lui échappant des mains, tandis qu'elle baillait largement, les yeux déjà fermés par un sommeil invincible.

Elle fit un mouvement insouciant de ses épaules et prit sa lanterne pour s'en aller coucher. Tant pis, on verrait demain, elle n'en pouvait plus. Et rasant le mur, où elle se cognait, elle vint à l'étable, posa sa lumière sur une poutre en saillie, dégrafa ses jupes; puis, toute lourde, elle se jeta sur la paille, avec déjà un ronflement de sa poitrine nue.

A ce moment, la porte de l'étable céda à une pression de genoux du dragon qui la guettait. Par l'ouverture, le ciel très noir et tout brillant d'étoiles entra, avec une bouffée d'air frais et l'odeur douce de la nuit parfumée des champs. Le dragon, suffoqué par les senteurs nauséabondes des brebis suantes dans leur laine et vautrées dans leur paillée, laissa la porte ouverte.

Dans le silence qui s'était fait autour de la masure endormie, il entendait pépier vaguement les oiseaux et le rossignol vocaliser au loin dans les arbres.

La Victoire dormait dans ses cheveux rouges. Sa bouche gourmande était ouverte ; elle avait un souffle rude qui remuait autour de sa tête les dentelles grises des toiles immenses que les arraignées tendaient.

Le dragon l'éveilla. Elle fit un rire en le poussant mollement. Elle ne voulait pas, non...

Mais sa sensualité de bête échauffée la faisait se livrer, malgré sa volonté peut-être, avec le grognement heureux d'un appétit robuste enfin satisfait.

IX

Victoire s'aperçut, avec stupeur, qu'elle était grosse encore une fois. Elle n'y comprenait rien, bien qu'elle eût gardé dans l'esprit, depuis la noce de mademoiselle, comme le souvenir d'une faute énorme qu'elle aurait à moitié rêvé d'avoir commise.

C'était donc vrai. Elle était retombée en plein malheur, comme autrefois, chez les Jameau, au village du Grand-Change. Il allait falloir recommencer à souffrir tout bas en serrant à les crever ses flancs robustes qui, tous les jours, gonflaient. Oui, mais ensuite, bientôt, quand ça se verrait?

Et elle avait des heures d'hébétement, le regard vague, fixé devant elle, dans l'immobilité de tout son corps et l'oubli du travail commencé. Puis elle se remettait subitement à l'ouvrage, dans des à-coup de fureur : contre qui? Elle n'en savait rien. C'était le malheur qui la poursuivait. Et elle levait, et elle rabaissait le bigot ou la pioche, faisant des entailles énormes dans la terre, comme si, à force de la creuser, toujours plus bas, elle allait y cacher sa faute.

D'autres fois, elle pleurait, non pas de honte encore, mais parce qu'elle avait dû refuser son promis, le premier, le seul homme qui eût voulu d'elle pour femme. Et il s'en était allé, bien triste. Même il s'était dégoûté de la terre, maintenant qu'il ne comptait plus sur les deux bras de Victoire pour l'aider à la retourner, et il s'était fait soldat.

Elle pensait comme ils auraient été heureux

ensemble, dans une de ces petites maisons basses, au ras des champs, avec des étables autour, et des bêtes qui leur auraient appartenu et de la belle récolte qu'ils auraient ramassée, pour eux, non pour les autres, cette fois. Comme elle aurait trimé, avec son homme auprès d'elle; et comme c'eût été bon, cette vie-là, au plein soleil!

Et voilà que son ventre montait, montait. Bientôt elle ne pourrait plus le cacher, et on allait la jeter à la porte, comme la Jameau, en lui criant des injures.

Eh bien, où irait-elle, puisqu'on ne voulait plus la recevoir à l'hospice? D'ailleurs, elle n'oserait jamais s'y représenter. Et, du même coup, elle perdait son enfant, un petit qui venait d'avoir ses deux ans et qu'on avait promis de lui rendre si elle se conduisait bien.

Elle s'était bien conduite, cependant; elle avait fait tout ce qu'elle avait pu pour que l'on fût content d'elle et que l'on n'eût rien à dire sur sa sagesse. Jamais elle ne s'était laissée embrasser par les garçons, parce qu'elle se rappelait comme ça la rendait toute bête et plus molle qu'une guenille. Elle l'avait même bourré de coups de poing toute la journée de la noce, ce beau dragon qui lui disait dans l'oreille des choses si douces, qu'elle en avait l'estomac retourné comme si elle allait faire une maladie. Et puis le soir... elle ne savait plus. Mais ce n'était pas sa faute.

Elle lui avait bien dit qu'elle ne voulait pas ! Maintenant, tout le malheur était pour elle.

Et en remuant ces idées dans sa tête, Victoire pensait quelquefois à ce beau dragon, si tendre, qui lui viendrait en aide, peut-être, si elle pouvait lui dire.

Dans son isolement absolu de tout être humain qui prît pitié d'elle, celui-ci lui revenait de plus en plus à la pensée, comme un unique espoir.

Victoire en avait encore pour trois mois avant

ses couches ; mais déjà sa grossesse apparaissait. Et Mme Maleyrac, qui n'avait aucune raison de la soupçonner, l'accusait d'en prendre trop à son aise avec la nourriture et les loisirs. Décidément cette fille engraissait. Et ce fait inouï chez elle lui donnait quelque orgueil; elle en tirait gloire, et appelait souvent l'attention des gens sur cette grosse gourmande de Victoire qui la ruinait à remplir son ventre immense.

Victoire, devenue sournoise, surprenait bien parfois des regards singuliers que ces remarques attiraient sur elle. Mais elle feignait d'en rire, et si niaisement, que les soupçons se détournaient.

Cependant elle avait fini par arranger quelques idées dans sa pauvre cervelle étroite, et qui prirent, après bien des efforts, la forme d'un projet. Elle persuada Mme Maleyrac qu'il lui serait facile de réaliser une économie en l'envoyant elle-même à la ville porter les provisions d'œufs et de légumes qu'elle envoyait chaque semaine, par le chemin de fer, à sa fille, mariée et installée à Ribérac. Mme Maleyrac sauta sur cette idée qui, malgré tout, ne lui serait pas venue, car il s'agissait pour Victoire de faire ses vingt-cinq kilomètres, aller et retour, dans la même journée. Et Victoire affirmait qu'elle ferait quand même, avant de partir, et le soir, au retour, tout le travail de la maison, comme si de rien n'était.

Le jour suivant, Victoire était en route, chargée comme un mulet, un panier à chaque bras, un troisième sur la tête bien d'aplomb dans le creux d'un torchon roulé en couronne et lui meurtrissant le front. Mais elle ne sentait rien et elle trottait, le ventre lourd, les pieds nus, ses sabots pendus à sa cotte par une ficelle.

C'était en janvier; la route était sèche, poudrée de blanc par le grésil; le soleil pâle n'échauffait point l'air, mais il rendait moins âpre le coup de fouet qui cinglait en plein le visage rouge de la Victoire, dans la rapidité de sa course. Elle soufflait d'un souffle énorme, qui s'échappait en buée blanche au devant de sa bouche, et les gens qui passaient disaient, la voyant aller ainsi :

« Une rude fille tout de même ! »

Elle mit deux heures pour arriver où il lui en fallait bien trois, chargée comme elle l'était. Mais elle fit une pause dans la cuisine de Mlle Maleyrac, et, avec son air de grosse bête, elle se fit dire ce qu'elle voulait savoir : le beau dragon, le frère du marié était en garnison à Versailles.

« C'était-il loin, Versailles ? »

Elle amusa beaucoup en demandant combien de jours il lui faudrait pour y aller à pied.

Puis elle sortit par la ville, après avoir chaussé ses bas et ses sabots, et rattaché proprement son fichu sur ses cheveux rouges et drus qui passaient frisottant au ras des yeux. Elle cherchait un bureau de placement.

Au coin de la place du Marché, elle demeura plantée devant une enseigne qu'elle épelait avec de rudes efforts de mémoire, car, depuis l'hospice, elle n'avait jamais regardé dans un livre. Et il fallait qu'elle fût poussée par une surexcitation qui lui élargissait, pour ainsi dire, ses facultés de voir et de comprendre, pour arriver à déchiffrer toute seule l'adresse qu'elle cherchait. C'était bien là.

Elle tourna le bouton de la porte, timidement, dans la crainte qu'il y eût beaucoup de gens devant lesquels il lui aurait fallu parler. Mais le bureau était vide. Et elle s'assit, soulagée, les pieds tirés vers le poêle, reposant enfin ses flancs qui lui semblaient tomber, et ne tenir à elle que par des fils tendus douloureusement.

L'agent la regardait, se frottant les mains en songeant à quelle cliente privilégiée il pourrait adresser cette gaillarde si bien bâtie pour le travail, et de figure honnête.

« Monsieur, dit-elle, avez-vous une place pour Versailles ?

— Hein ! vous dites ? Versailles !

— Oui, monsieur.

— Ah! bien! Je voudrais vous y voir! Mais les voilà toutes : Paris, Versailles! Dès qu'elles savent tourner une omelette, il faut qu'elles filent, et plus personne pour la province et la campagne, rien de propre, rien! Voyons, ce n'est pas sérieux. Je vais vous envoyer dans une maison où vous aurez d'aussi bons gages qu'à Paris, ainsi! Vous avez des certificats? »

Victoire rougit brusquement : elle n'avait pas pensé aux certificats.

Honteuse, elle baissa la tête.

« Hé! hé! reprit le placier, il paraît qu'il y a quelque anguille sous roche. Ah! nous voulons aller à Versailles et nous n'avons pas de certificats. Hum!... Enfin, nous pourrons peut-être arranger cela, si vous êtes gentille. Tenez, ça vous coûtera vingt francs, mais nous vous placerons tout de même; et une bonne place, encore. Je répondrai pour vous. Cela va-t-il?

— Je vas vous dire, fit tout à coup la Victoire, en relevant un coin de son tablier qu'elle se mit à rouler dans ses doigts, c'est pas pour changer de place. Mon Dieu, c'est tout pareil, au bout du compte ; mais c'est parce qu'à Versailles, il y a, il y a...

— Votre amoureux, hein ? »

Victoire était pourpre, et ses yeux, qui avaient bonne envie de pleurer, clignotaient. Mais elle fit « oui » avec sa tête.

« Et qu'est-ce qu'il fait, votre galant ?
— Il est dragon.
— Tiens ! tiens ! »

Et puis, tout à coup, le placier devint sévère.

« Ce n'est pas propre du tout, ma fille, ce que vous voulez faire là. Suivre un amoureux, un soldat, un dragon !... Fi ! Ce n'est pas moi qui vous prêterai les mains. Mais si vous voulez être sage et vous placer ici, je... »

Victoire éclata, se bouchant les yeux de son tablier.

« Mais je vous dis qu'il faut que je le voie, il le faut !... »

Le placier interloqué murmura :

« Ah ! alors, écrivez-lui.

— Je sais pas écrire. »

L'homme pensa qu'il pourrait rattraper d'une autre façon le louis qu'il avait voulu gagner avec elle. Tout de suite il dit :

« Mais c'est mon métier, moi, d'écrire pour les gens qui ne le savent pas. Voulez-vous que je fasse votre lettre ?

— Vrai, dit-elle, s'arrêtant net de pleurer. Et… vous ne direz à personne ce que je mettrai dedans ?

— A personne. Le secret professionnel, » prononça gravement le placier.

Elle ne comprit pas, mais cette gravité lui donna confiance.

« Combien c'est-il ? dit-elle, fouillant sa poche.

— Vingt francs, parce que c'est vous.

— Merci bien, monsieur. »

Et elle compta pièce à pièce la somme demandée.

Lui avait tiré une feuille de papier à lettre, qu'il étalait soigneusement avec sa main, comme une chose précieuse; il fit plier le bout de sa plume sur son ongle; puis toute chose étant en état, il se retourna vers Victoire qui suivait ces préparatifs d'un air d'étonnement respectueux, et lui dit :

« Voulez-vous dicter?

— S'il vous plaît, monsieur?

— Dites ce que vous voulez faire savoir à votre dragon, et je l'écrirai.

— Ah!... »

Elle demeura pensive, embarrassée.

Enfin, elle se remua sur sa chaise, et, les mains jointes, regardant fixement le bout de ses sabots collés au poêle, elle dicta, faisant des pauses, quand elle éprouvait trop de honte à continuer et que sa gorge se serrait :

« C'est pour vous faire assavoir qu'un grand malheur m'est arrivé. Vous aurez la bonté de me venir en aide, parce que vous savez bien que ce n'est pas de ma faute. — Tout de même j'en ai bien du chagrin, à cause que personne ne voudra me croire, et que Mᵐᵉ Maleyrac va me jeter à la porte. Alors où j'irai, s'il vous plaît? — Si c'était un effet de votre bonté d'avoir pitié de moi, je vous serais bien reconnaissante, malgré que sans vous ça ne serait pas arrivé. Je vous fais écrire cette lettre pour vous apprendre que je suis grosse, depuis la noce de mademoiselle, que vous vous souvenez bien. Je suis une pauvre fille sans père ni mère, que même je viens de l'hospice et que je n'ai personne au monde qui voudra me retirer, et que je vais me trouver dehors bientôt, moi et mon enfant. — J'ai souvenance de vos bonnes paroles, et j'ai prié le bon Dieu pour qu'il vous dise de ne pas me laisser sans secours, comme quoi, par votre faute, je pourrais m'en aller mourir comme un chien, toute seule au coin d'un bois. Je vous prie de me faire réponse chez Mme Maleyrac, aux Andrives, où je suis, en vous attendant, votre servante.

« Marie-Eugénie-Victoire. »

« Quelle adresse ? » demanda le placier qui avait écrit avec un grand bruit de plume et rayé toute sa page de majuscules énormes.

Victoire, penchée maintenant, regardait attentivement tous ces hiéroglyphes qui représentaient ce qu'elle avait dit, et l'on eût cru qu'elle essayait de lire, tandis que, seul, le mystère de ces lettres l'effarait. Lorsque l'enveloppe fut fermée, elle dicta : « Monsieur, monsieur Jules Pauliac, dragon, à Versailles.

— Quel régiment ?

— Je ne sais pas, monsieur. »

Elle prenait un air inquiet :

« Faudrait peut-être le savoir ?

— Oh ! ce n'est pas nécessaire, répondit vivement le placier, qui tenait à se débarrasser d'elle, maintenant qu'il avait gagné ses vingt francs. Voici la lettre, mettez un timbre, et à la poste. Bonjour, ma fille, à votre service, une autre fois.

— Bien obligée, monsieur. »

Elle demanda du papier pour envelopper sa lettre qu'elle voulait envoyer très propre, et elle sortit, en faisant une révérence profonde, comme elle en faisait au couvent.

Elle ne sentait plus sa fatigue, à présent qu'elle emportait sa lettre cachée sous son fichu, comme une relique dont le pouvoir mystérieux allait sûrement lui sauver la vie.

Des idées lui arrivaient coup sur coup dans son pauvre esprit si extraordinairement tendu. Elle se racontait des histoires sur la façon dont le dragon allait s'y prendre pour la tirer de peine. Jamais elle n'avait tant pensé, et cela lui faisait bourdonner les oreilles comme si on lui secouait dans la tête une volée de cloches.

Elle s'en revint aux Andrives, ses paniers

6.

vides enfilés dans le même bras jusqu'à l'épaule, les mains croisées sur son ventre, tapant rude et vite ses lourds sabots sur la terre sèche où le grésil revenait comme une poudrée de diamant.

En la voyant arriver, Mme Maleyrac ne put s'empêcher de dire :

« Déjà !

— Oui bien, » répondit gaiement la Victoire.

Et la courageuse fille, dont les flancs battaient sous la secouée de l'enfant robuste comme elle, s'en alla, sans repos, trimbaler par la grange et par les étables, jouant des muscles et abattant à pleins poings sa rude besogne de chaque jour.

X

Au bout d'un mois, le dragon n'avait pas répondu. Victoire pensait que, sans doute, Versailles était très loin, et qu'il fallait un bon temps pour en recevoir les lettres. Cependant elle recommençait à s'affoler, dans la peur que la réponse n'arrivât trop tard.

Chaque matin, maintenant, à l'heure du facteur, elle tournait autour de la maison pour le voir venir par la montée du chemin.

Et dès qu'elle l'entrevoyait, sous le clair des

arbres nus, avec, sur l'épaule, un cabas enfilé dans un bâton, son sac en travers, sa blouse bleue qui passait sous le burnous jauni par les pluies, et sa grosse canne en bois noué qui frappait les pierres à la cadence régulière et pressée de sa marche, la Victoire devenait pâle, avec un étranglement qui lui arrêtait le souffle. Malgré çà, elle s'arrangeait pour lui venir au-devant sans qu'on la vît de la maison, et elle lui répétait :

« C'est-il pour aujourd'hui que vous me donnerez quelque chose ?

— Non, pas encore, mademoiselle Victoire. Il n'y a que le journal de Mme Maleyrac. »

Elle s'efforçait de rire en disant :

« C'est pour demain. »

Mais elle s'en allait les jambes cassées.

Un jour, après six semaines d'attente, elle demanda au facteur :

« Combien ça met de temps, une lettre, pour aller à Versailles ? »

Il répondit :

« Deux jours.

— Deux jours ! »

Elle demeura plantée, la bouche ouverte, n'y voyant plus clair.

Deux jours ! Mais alors le dragon ne répondrait pas !

Depuis qu'elle s'était accrochée à cet espoir, elle avait sans cesse devant les yeux et dans la pensée le beau soldat qui avait causé son malheur.

Elle s'était accoutumée à l'attendre, à songer à lui, comme à un véritable amoureux qui lui aurait promis le retour. Il n'y avait plus que lui dans sa vie, lui, le père de cet enfant qui lui sautait dans la poitrine. Elle ne lui en voulait pas, elle s'était mise à l'aimer.

Quand tout le monde était couché, le soir, elle entrait dans le salon, doucement, avec sa lampe de cuisine à la mèche basse et fumeuse qu'elle posait sur la table. Et, dans l'album de

Mme Maleyrac, elle cherchait le portrait du dragon. Il était là, campé sur une jambe, l'autre en avant, avec sa botte qui lui montait au genou, la taille fine, le buste bombé, la tête de côté comme pour affiler son regard qui était galant et moqueur avec une pointe de tendresse. Et son casque le haussait, tandis que la crinière noire qui pendait lui faisait comme une longue chevelure sur les épaules. Il était beau et charmant, et Victoire demeurait des heures parfois à soupirer devant lui, tout attendrie et se souvenant.

Énorme, la gorge débordante, malpropre et ébouriffée sous son fichu de couleur déteint, avec ses petits yeux doux et sa grosse bouche gourmande, elle eût été grotesque à soupirer devant le dragon beau et fin, n'étaient sa pâleur de mère et ses larmes de fille abandonnée.

Pourtant elle pensait quelquefois qu'il n'était pas possible qu'il fût demeuré insensible s'il avait lu sa lettre.

Alors elle cherchait des raisons pour l'excuser et pour espérer encore. Un soldat, il était peut-être à la guerre! Est-ce qu'elle savait? Sa pensée travailla sur un autre objet.

Maintenant elle écoutait ce que M. Maleyrac lisait tout haut, tous les matins après son déjeuner, dans le journal de Mme Maleyrac. C'était le sien parce qu'elle s'y était abonnée pour le feuilleton, un drame horrible, où l'on racontait comment des gens très adroits volent, tuent, empoisonnent, violent et assassinent, le tout avec des ruses très intéressantes pour échapper à la justice et à la loi. Cette lecture édifiante, Mme Maleyrac l'absorbait dès son lever, tandis qu'elle prenait son café, les pieds sur une chaufferette.

Et quand on venait à table pour le déjeuner de midi, Mme Maleyrac brandissait fiévreusement son journal que M. Maleyrac attendait, ses lunettes sur le nez. Mais elle ne le lâchait pas qu'elle n'eût raconté tout le feuilleton avec des gestes tragiques, et multipliant, pour l'effet, le nombre des victimes ce matin-là égorgées, à la grande peur de Victoire, qui pensait que tout cela était arrivé, puisque c'était écrit, et qui s'en allait en murmurant des :

« Las ! mon Dieu ! Y a-t-il des gens qui valent pas grand'chose ! »

Enfin, M. Maleyrac attrapait la feuille, et, à son tour, il faisait la lecture des articles politiques.

Jusque-là Victoire n'y comprenait rien, n'écoutait pas. Maintenant, les mots de soldat, guerre, canon, lui revenaient dans la tête, et elle se disait qu'en s'efforçant de comprendre, elle arriverait peut-être à avoir des nouvelles de son dragon.

Mme Maleyrac eût été bien surprise si elle avait pu voir sa servante, l'oreille collée à la porte, écoutant gravement la lecture du journal.

Le sens continuait à lui échapper absolument,

et malgré tous ses efforts. Cela même lui faisait l'effet d'une langue inconnue. Seuls les mots de guerre, canon, soldat, qui revenaient de temps à autre, comme il est d'usage dans tout article politique bien compris, afin de caresser le chauvinisme du lecteur, ou de lui donner la petite mort s'il est poltron, ces mots seuls lui étaient clairs et signifiaient pour elle que son dragon faisait la guerre, et c'est pourquoi il ne répondait pas. Parfois aussi le mot de « paix » revenait dans les lectures de M. Maleyrac, et Victoire en reprenait courage. Elle pensait pendant toute la journée à sa lettre, qu'il allait enfin trouver au retour de la guerre et à laquelle il répondrait.

Et les jours alternaient ainsi pour elle. Mais c'étaient les plus mauvais qui revenaient le plus souvent, car le temps passait. Et Victoire, sanglée dans ses cottes, bridée dans son corsage, étouffait et s'éreintait à porter, en le cachant, un ventre énorme qui grossissait toujours. Elle avait imaginé d'être enrhumée pour se tenir empaquetée, et elle faisait la malade, s'asseyant vite dans ses jupes dès qu'une personne étrangère à la maison la regardait.

En même temps, elle pensait : Le temps approche, encore huit jours peut-être, et si « lui » n'est pas revenu, qu'est-ce que je vais faire ?

Avec cela que le mois de mars finissait, on faisait les pommes de terre, on semait les petits pois et les fèves de marais. Et c'était Victoire qui faisait les trous, les sillons, la ramenée de terre sur les grains posés un à un, se baissant et se levant tout à coup.

Elle se traînait, quand elle était seule, elle râlait, elle s'affalait sur ses genoux, en pleine terre mouillée ou gelée, et elle demeurait là, les yeux vides, la tête sans pensée, écoutant battre ses flancs. Parfois elle les empoignait à deux mains furieuses comme si elle eût voulu étouffer ce fruit de ses entrailles qui la poignait et semblait vouloir la crever pour montrer sa honte à tout le monde.

Même une haine lui était venue pour cet enfant qui lui causait tant de malheurs et de souffrance. Si elle avait pu l'arracher de ses flancs et le jeter loin d'elle, comme on fait d'une bête qui se colle à vous et vous ronge, elle l'aurait fait sans pitié. De la pitié! Qui donc en avait jamais eu pour elle? Et savait-elle même ce que c'était?

Elle devenait farouche comme un animal sauvage et traqué. Ses regards en dessous luisaient de douleur et de haine. Une révolte la tenait sans qu'elle sût contre qui, sinon contre la vie elle-même qui l'avait faite si misérable et abandonnée, avec des appétits de brute, qu'elle se gardait cependant d'assouvir, et qui, pour une fois qu'elle s'y abandonnait sans savoir encore, la jetait à la honte, la livrait aux injures, la chassait hors des foyers honnêtes où son ventre maudit portait le déshonneur.

Dans ces heures de colère et d'effroi, où elle se tenait accroupie, tassée et comme acculée à la haie qui la cachait, semblable à une bête, avec son poil fauve qui lui tombait sur les yeux, et ses mamelles lourdes, et ses mains crispées sur la terre comme des griffes sanglantes au bout d'un bras roide et roux, guettant pour n'être pas surprise, — quelquefois passait au loin, vers la coulée des prés, quelque vache lente et rêveuse, broutillant, la tête retournée vers le petit blond et tendre, qui la suivait en piquant du nez sa mamelle pendante. La Victoire attachait sur eux ses yeux agrandis; elle soufflait plus fort, en regardant, sans lâcher, l'allure rhytmée de la vache paresseuse, tranquille et fière en sa maternité, battant ses flancs féconds de sa queue doucement balancée, ou s'arrêtant, la jambe écartée, pour livrer son pis gonflé à son petit, qui mordillait et tiraillait, la tête penchée, flageolant sur ses longues jambes fines de nouveau-né.

Et Victoire s'oubliait à crier, le poing en avant, tout aveuglée de larmes :

« Elle est heureuse, au moins, celle-là ! »

XI

Les matinées d'avril sont parfois douces, brillantes, échauffées par le soleil tout nu au milieu du ciel bleu, dans certaines vallées du Périgord, notamment aux Andrives. On se croirait à l'été, et les arbres, tout à coup, semble-t-il, se couvrent de feuilles d'un vert tendre parmi les fleurs neigeuses des pommiers et des cerisiers plantés en bouquets énormes çà et là. Les avoines font des nappes d'herbes hautes et flottantes ; les blés, encore ras, gazonnent la terre partout au loin.

Les haies dressent leurs broussailles ajourées, comme un capricieux réseau d'épines tendu au long des prés, au-dessus de la masse verdoyante et pressée des violettes sauvages et des primevères des champs, déjà écloses pour sonner le printemps avec toutes leurs clochettes d'or.

Autour du château des Andrives, le renouveau a jeté tout son éclat et tout son tumulte. Des rumeurs galopent, portées comme par un coup de vent et qui viennent des bois où craquette le bois mort, sous la poussée des tiges nouvelles, où des passées de vols rapides annoncent le travail des nids, où déjà, sous les fougères tendres, tout un monde au réveil met des frissons de vie. Les troupeaux en émoi piétinent au fond des étables avec des bêlements doux et des mugissements prolongés et plaintifs comme des sanglots d'amour.

Au bord des toits de la maison trop blanche sous le soleil qui resplendit et met une flambée dans ses vitres claires, toute la pigeonnée s'est abattue, roucoulant et voletant dans la poursuite éperdue de ses incessantes tendresses.

Tandis qu'en la basse-cour tiède et ensoleillée, dans le caquetage des poules et le chant héroïque des coqs en bataille, et le pépiement des poussins courant tout blonds et fous dans la mêlée, et le bourdonnement des abeilles qui s'essayent à rôder sur les premières roses, Victoire ligottait sur un banc, contre un mur, un porc qu'elle allait saigner.

Maintenant les cris déchirants de la bête égorgée dominaient tous les bruits; elle faisait craquer les cordes qui la liaient aux jambes et au cou sur la planche où elle était étendue avec un couteau planté dans la gorge. Ses flancs se tordaient avec des frissons terribles, mais elle ne pouvait échapper au supplice, et son sang coulait, fumant et vif, dans un baquet où Victoire accroupie plongeait ses bras et remuait les mains.

Ce cri aigu, lamentable, qui devenait plus

haut et terrible quand Victoire d'un nouveau coup élargissait la plaie, avait jeté un silence parmi la basse-cour effrayée et jusque sur les toits où les roucoulements cessaient. On eût dit que l'effroi de la mort avait passé parmi ces bêtes, avec comme une angoisse qui les tenait immobiles.

Quand le porc égorgé vint à râler plus bas, on entendit la Victoire qui chantonnait distraitement. Sa face très pâle, tranquille et comme endormie n'avait pas un émoi, tandis qu'elle tournait et retournait dans le baquet le liquide pourpré qui lui tombait chaud et fumant sur les doigts. Le soleil caressait ardemment sa nuque rousse et l'engourdissait dans un bien-être où il y avait la volupté du repos. Sans pensée, les yeux à demi fermés, les mains lentes maintenant, elle s'oubliait dans une paresse heureuse, grisée de sang, de lumière et de soleil.

Quelqu'un marcha derrière elle, puis on lui toucha l'épaule. Elle se tourna et vit un gendarme à ses côtés. Un autre à cheval, barrant la porte d'entrée, tenait un cheval en main.

Elle se mit debout, un peu inquiète, et ses mains rouges s'égouttèrent sur sa jupe.

« Vous vous nommez Marie-Eugénie Victoire ? »

Elle ne répondit rien, regardant sournoisement le gendarme de ses petits yeux doux clignotants.

« Voulez-vous me répondre ? dit-il rudement ; et il lui posa de nouveau la main sur l'épaule. Elle eut peur et balbutia :

— Bien sûr que je m'appelle Victoire.

— Au nom de la loi, je vous arrête. »

Elle eut l'air de ne pas comprendre et essaya de se faire lâcher pour continuer sa besogne. Il y eut entre eux une courte lutte. Toujours plus pâle, elle se défendait, ne comprenant pas. Elle répétait :

« Eh ben, eh ben, lâchez-moi donc... »

M. et Mme Maleyrac, qui achevaient de déjeuner, accoururent au bruit et demeurèrent plantés sur le perron, stupéfaits, regardant leur servante, éclaboussée de sang et qu'un gendarme poussait vers eux. Même Mme Maleyrac, l'esprit encore brouillé par la lecture de son feuilleton, ne se souvenant plus qu'elle faisait tuer un porc, s'imagina tout à coup que la Victoire venait d'assassiner quelqu'un.

L'autre cavalier avait mis pied à terre, et il s'approchait.

Maintenant il se tenait derrière Victoire qui ne se défendait plus, mais dont les paupières battaient plus vite avec un tremblement de tout son corps. Par la porte demeurée ouverte sur le chemin, on voyait un groupe de paysans, les femmes devant, le cou tendu, les mains jointes, curieuses et épeurées, se parlant bas avec des hochements de leurs têtes roulées dans des fichus de couleur.

« Mandat de perquisition, dit le brigadier à M. Maleyrac. Infanticide. Nous devons faire des recherches. Conduisez-nous à la chambre de cette fille. »

Mᵐᵉ Maleyrac fit un cri :

« Victoire ! infanticide ! chez nous ! Allons donc, monsieur ! il y a erreur. Mais parlez donc grosse bête ; vous ne comprenez pas ? Elle est idiote, monsieur, mais elle est honnête... Chez moi, d'ailleurs, je n'aurais pas toléré... »

Mais en parlant, elle regardait Victoire, et tout à coup sa langue s'embarrassa. Victoire, debout, les mains pendantes, les jupes collées au corps, lui apparut maigre, efflanquée, avec son ossature énorme d'où toute la chair semblait partie, la poitrine diminuée. Sous le tablier taché de sang, le gonflement grotesque avait disparu.

Le brigadier reprit sévèrement :

« Il n'y a donc que vous, madame, qui n'ayez rien vu. Tout le village en parle, demandez à ces gens. Il y a une quinzaine environ que

Victoire a dû accoucher. Et l'enfant a disparu. »

Le visage de Mme Maleyrac s'empourpra de fureur ; elle s'écria :

« Misérable ! chez moi ! serait-il possible ! mais répondez donc...

— Elle ferait mieux d'avouer, continua le brigadier plus doucement en lui tapotant l'épaule. On aurait égard, on trouverait peut-être des circonstances... Tandis que si elle persiste, on saura la vérité tout de même, et dame, ça sera plus dur ensuite devant les juges. Les travaux forcés, ce n'est pas gai, hein? Allons, dites, qu'avez-vous fait de l'enfant? »

Victoire baissa la tête, de son air farouche de bête acculée ; mais elle ne répondit rien, entêtée à se taire, à se laisser tuer plutôt que de dire un mot.

« Chez moi? répétait Mme Maleyrac, se prenant la tête à deux mains, furieuse surtout de perdre sa servante et enragée, contre elle, de ce malheur, à ce point qu'elle l'eût accablée si elle avait su comment. Elle cria tout à coup : Allez, ne cherchez pas. C'est une brute. Elle l'aura tué son enfant, comme elle saigne un poulet, sans pitié, férocement, Elle est capable de tout, cette sauvage-là. Je voudrais la voir sur l'échafaud. »

Mᵐᵉ Maleyrac ne se connaissait plus. Le brigadier la regarda, clignant de l'œil, puis il dit d'un ton apitoyé :

« Après cela, on peut se tromper. C'est peut-être par accident que l'enfant est mort. Cela s'est vu. Il n'y a peut-être pas de sa faute, à cette pauvre fille ! »

Victoire avait fait un mouvement, et ses paupières s'étaient levées ; elle regardait le gendarme. Il continua tout à fait bonhomme :

« Hein ! pas vrai ? Mais il vaudrait mieux le dire, pour vous, dans votre intérêt. Tout le monde vous croira coupable si vous ne dites rien. Voyez Mᵐᵉ Maleyrac. Allons, soyez bonne fille, contez-nous cela, bien franchement. On aura pitié de vous, et qui sait? on vous laissera libre. »

Il lui parlait très bas, très près, la voix douce.

Toute la roideur de Victoire tomba. Elle s'attendrissait dès qu'on paraissait bon pour elle. Jamais son cœur n'avait pu résister à un semblant de caresse. Elle mollissait tout de suite. Ses yeux se mouillèrent, puis les larmes se mirent à tomber.

C'était fini elle s'abandonnait.

Le brigadier la tira un peu en arrière; avec un geste amical, il continua à l'interroger tout bas. Elle balbutiait, ne comprenant pas toujours. Enfin, elle allongea la main dans la direction des bois en faisant un sanglot qui s'entendit jusqu'à la porte où les paysans regardaient. Les femmes, entendant pleurer, sortirent leurs mouchoirs, tandis que Mme Maleyrac haussait brutalement les épaules.

Maintenant Victoire marchait tranquillement entre les deux gendarmes.

La foule des paysans s'était grossie des gens qui passaient, les uns allant au travail, la bêche sur l'épaule, et tout le monde suivait, traîné par la curiosité de ce drame. Cela remplissait le chemin étroit qui menait, à travers champs, dans la direction des taillis dont on apercevait les branches claires déjà toutes mouchetées d'un vert tendre.

Dans la splendide tombée du soleil et la gaieté du renouveau, et l'odeur fraîche des terres reverdies, sous les pommiers qui neigeaient, faisant la jonchée blanche, la Victoire passait, sinistre dans ses jupes éclaboussées de rouge, les mains sanglantes, entre les deux gendarmes dont l'équipement reluisait.

Ils entrèrent dans le bois, et là, Victoire s'arrêta un peu, regardant autour d'elle. Puis elle se dirigea vers un bord, non loin d'une terre ensemencée.

Il y avait là une haie, au ras d'un fossé dans lequel elle s'affalait ces derniers temps, quand elle venait travailler et qu'elle n'en pouvait plus de sa grossesse arrivée à terme.

Elle raconta qu'elle y demeurait des heures, comme cela, accroupie, levée sur les mains pour voir si on ne la surprenait point dans ce repos qui eût exaspéré les Maleyrac. Elle se cachait. Et un jour...

Elle parlait maintenant comme avec un plaisir de soulager son cœur, de conter son malheur à des gens qui ne la rudoyaient point, qui ne lui disaient point d'injures, et qui l'écoutaient avec tant d'intérêt qu'elle se laissait parler.

Elle ne voyait point les visages qui s'allongeaient, curieux, derrière les arbres, les regards luisants de ceux-là même qui l'avaient dénoncée, par bavardise seulement, et qui éprouvaient une gêne aujourd'hui que les gendarmes étaient là. Elle ne voyait que le fossé béant, tapissé de brousailles et d'herbes nouvelles, avec comme un éboulement de terre dans le milieu.

Elle disait qu'elle était venue là, en courant, un jour que les douleurs lui tordaient les entrailles. Elle ne savait pas où aller, ni à qui demander aide. Elle pensait à demeurer là, cachée, comme une bête en son trou, tant qu'elle pourrait. Elle n'avait pas d'idée autrement, bien sûr. Et voilà que l'enfant était venu.

Elle n'avait pas crié. Elle s'était roulée, en mordant les pierres. Et cela avait duré toute une matinée, pendant que les Maleyrac la pensaient à semer dans le champ à côté. Mais l'enfant était là, tout nu, par terre, et il criait.

Elle lui voulait du mal, bien certainement, pour ce qu'il était venu lui causer du malheur. Mais elle n'avait pas pensé à le tuer, jamais. Elle n'y touchait pas seulement, elle le regardait. Elle n'avait pas l'idée d'en rien faire. Elle ne savait pas. Maintenant qu'elle ne souffrait plus, elle aurait voulu s'en aller et n'y plus penser. Mais il criait, et cela lui faisait peur.

On eût dit qu'il appelait les gens pour faire voir qu'il était là.

Tout à coup, elle avait entendu venir quelqu'un par là, devers le bois. C'était un homme : il sifflait. Puis il s'était arrêté comme pour écouter : sans doute le petit. Alors elle s'était levée pour voir ; elle était comme cela, retournée, et comme il n'y avait pas de feuilles aux arbres, elle voyait loin. L'homme approchait. Le petit criait plus fort. Pour le faire taire, pendant que l'homme passait, elle avait posé son pied nu sur la petite bouche ouverte, comme cela.

Et la Victoire, la face au bois, le regard dilaté par le souvenir de l'effroi, se tenait immobile, le pied allongé et posé raide devant elle, comme elle avait fait. Elle avait senti, disait-elle, comme si un serpent s'était enroulé autour de son pied, les petits bras qui remuaient et tout le corps qui se tordait sous son talon. Puis quand l'homme avait eu passé, reprenant sa chanson qui faisait siffler les merles, elle avait retiré son pied ; mais le petit ne bougeait plus : il était mort.

Elle l'avait regardé longtemps, ne comprenant pas bien d'abord. Ensuite, elle avait eu une joie d'en être débarrassée.

Et elle l'avait caché là, sous de la terre qu'elle avait fait couler, avec des pierres par-dessus, et elle s'en était revenue à la maison, où elle avait travaillé tout le jour pour qu'on n'y vît rien.

Pendant qu'elle achevait, l'un des gendarmes avait déterré le petit cadavre, et l'avait enveloppé dans le tablier défait de la Victoire, qui regardait cela les yeux secs. Elle éprouva le besoin de répéter qu'elle n'avait jamais eu l'idée de le faire mourir, qu'elle avait fait cela sans penser, comme elle avait dit, bien vrai...

« Mais c'était votre enfant, malheureuse ! » s'écria enfin le brigadier, qui ne pouvait plus cacher son indignation.

Maintenant, il la rudoyait, et cela donna un

saisissement à Victoire. Elle se croyait délivrée, et on l'emmenait. Elle ne comprenait plus. Alors pourquoi l'avait-on fait parler, si on ne la croyait pas? Si elle avait su, elle n'aurait rien dit.

Et elle reprit son silence farouche, le regard en dessous, haineux, coulé vers les gens qui la suivaient encore au retour.

Les gendarmes avaient demandé une carriole, qu'ils trouvèrent attelée à l'entrée du château. On y fit monter Victoire, avec son petit près d'elle, roulé dans le tablier. L'homme qui conduisait claqua son fouet, la charrette branla et dévala lentement le chemin, entre les deux gendarmes à cheval, tandis que les paysans, groupés, regardaient encore tant qu'ils purent voir la Victoire qui s'en allait en prison.

Et comme le jour était clair, tout vibrant de lumière, et la Victoire haute, assise de côté, bien en vue, ils la regardèrent longtemps, terrifiés par ce grand corps immobile.

Et ils disaient, la trouvant si robuste avec ses bras roux, ses cheveux flambants, et toute hideuse dans ses jupes éclaboussées, les mains sanglantes, ils disaient que l'on voyait bien qu'elle était née pour le crime, celle que l'on appelait sinistrement la Rouge.

TROISIÈME PARTIE

XII

Lorsque Victoire eut accompli ses cinq ans de travaux forcés dans la maison centrale de Montpellier, où elle avait été dirigée à l'issue des assises tenues à Périgueux, dans le mois de juin 1875, elle fut réexpédiée dans le département de la Dordogne, où elle devait subir encore cinq années de surveillance.

Débarquée à Périgueux, sa feuille visée, elle

entra dans une auberge, aux environs de la gare, pour déposer son paquet et y dormir tant qu'elle pourrait, après avoir mangé à sa faim, pour son premier jour de liberté.

Les gens de l'hôtel l'avaient crue malade, à voir son grand corps maigre, désossé, sa figure d'une pâleur morte, avec ses petits yeux ternes sous les paupières tombantes, et qui fuyaient le regard sournoisement.

Mais quand elle eut dévoré, à pleine bouche vorace, le souper de charretier qu'elle s'était fait servir, quand on la vit s'en aller coucher, la poche gonflée du pain qu'elle avait comme dérobé, à large taillée, dans la tourte qu'on avait posée près d'elle, on la suivit d'un œil inquiet qui n'échappa point aux regards méfiants de Victoire.

Aussi, dès le lendemain, elle paya, reprit son paquet et s'en alla sans vouloir répondre et dire où elle allait.

Il y avait, du reste, comme un mutisme

presque involontaire sur ses lèvres serrées l'une à l'autre, dans une sorte d'accolement habituel, qui semblait les avoir soudées. Et ce trait seul modifiait sa physionomie, qui jadis exprimait l'hébétement et l'inconscience naïve, mais douce, grâce à la bouche épaisse, et qui présentait aujourd'hui un masque farouche et froid, presque tragique.

Une fois sortie de la ville, elle tourna d'instinct par les chemins connus qui la ramenaient vers les lieux où jeune elle avait vécu. Et puis la campagne l'attirait.

Là-bas, à la Centrale, pendant toute la journée silencieuse qu'elle passait à ourler les grosses toiles, les toiles de ménage au treillis dur comme des ficelles tissées, — sa tâche à elle la fille aux doigts lourds et rudes, — tout le temps elle pensait aux champs et aux travaux qu'on y devait faire à cette heure. S'il pleuvait en bonne saison, elle portait peine pour les semailles retardées, la sécheresse qui brûlait les prés lui donnait des ennuis. Elle vivait intimement avec la terre, dont elle prenait souci comme du sein qui l'aurait engendrée et nourrie. Elle semblait née de là, comme une herbe vivace ou comme un animal ayant ouvert les yeux dans un terrier, sur la mousse, et brouté l'herbe au ras du sol, dans la senteur forte de la terre humide et chaude.

Elle avait les inconsciences natives de l'être primitif, ses appétits, ses instincts et aussi son attachement pour la nature féconde qui donne la vie et germe sans cesse afin de nourrir la progéniture immense qui se colle à ses flancs.

Vers la fin de son temps, Victoire pensait avec joie qu'elle serait libre avant les foins, qui se font là-bas aux alentours de la Saint-Jean. Et puis la moisson viendrait ensuite. Enfin on couperait les maïs, elle verrait tout cela, même la ramassée des châtaignes qui se fait tout au bout de l'automne, après les vendanges. C'était comme un plaisir qu'elle se racontait, recommençant toujours et tous les jours pendant les longues heures silencieuses.

Maintenant elle s'en allait sur la grande route blanche et bordée de peupliers empanachés de leur feuillée flottante. C'était vers le midi, où le soleil flambait droit dans le fond du ciel, qui semblait tout embué de vapeurs vibrantes.

Victoire rasait les fossés sous les arbres, non point pour fuir la chaleur qui lui dérouillait le corps et l'amollissait d'aise, mais afin de marcher sur l'herbe, voluptueusement, de son pied blanc, large et nu.

Elle marcha ainsi toute la journée, buvant l'air, s'étourdissant à regarder autour d'elle toute cette verdure luisante et bruissante, qui se remuait toute parfois à un coup de vent, avec de petites rumeurs clapotantes.

Elle se plantait avec des ravissements devant les troupeaux que l'on menait paître à la vesprée. Elle avançait la main pour toucher leur laine. Elle riait au mouvement craintif du bœuf qui s'écartait de son bras tendu et la regardait avec yeux rêveurs et tristes, ruminant plus lentement, les naseaux larges.

Elle s'assit au bord d'un ruisseau, la Bauronne, où des lavandières secouaient du linge fumant la bonne odeur chaude de la cuvée de cendres. Elle s'offrit pour tordre les grandes toiles qui pesaient aux bras des autres femmes, et que Victoire enlevait et tordait à pleins poings, s'éclaboussant d'eau fraîche, avec une joie de ses forces employées.

Quand la nuit vint, elle rôdait encore aux environs d'un petit village appelé la Chapelle, en haut de la côte, sur la droite de la route de Ribérac, qu'elle n'osait pas suivre, malgré le besoin qui la tirait de ce côté-là, par la peur d'être reconnue.

Des gens lui avaient déjà demandé d'où elle venait et où elle allait. Cela l'obligea à chercher une chose à répondre, car elle se faisait regarder de travers à demeurer toujours sans rien dire. Même elle n'osa pas, avant d'avoir inventé une raison, frapper à aucune porte pour demander le coucher.

Elle tourna vers les bois au moment où le jour mourait, et chercha un coin parmi les fougères, loin du chemin. Sous des chênes en taillis, qui faisaient tout autour comme des murailles vertes, elle battit les herbes, les foula, les écarta, en jetant son paquet pour y poser sa tête. Les fougères se redressaient autour d'elle quand elle fut étalée, tout de son long sous les chênes.

Par les trous, dans la feuillée, elle voyait le ciel pâle où les étoiles venaient se coller une à une, comme des mouches d'or sur un plafond bleu. Elle respirait à large souffle l'air rempli des fortes odeurs de sève, de verdure âpre, d'écorce fendue et résineuse, d'herbes écrasées où il y avait le serpolet en fleur. Il semblait que tout cela lui coulât dans les veines avec une fraîcheur de source. Jamais un plus grand bonheur n'avait caressé tout son être, ses membres et sa pensée à la fois.

Après cinq années d'écrasement et d'ombre, loin de la terre et loin du ciel, elle se baignait tout à coup dans la clarté des cieux et dans les effluves de la terre reconquise.

Cette première nuit de repos, lâchée comme elle l'était, à travers ces bois, perdue comme un oiseau sous les feuilles, inconnue, invisible, presque plus vivante comme être, mais vibrante comme une chose animée, comme une plante frissonnante, Victoire, la brute, l'infanticide, la Rouge aux mains tachées de sang, Victoire s'endormit paisible, sereine, l'âme en extase, et les lèvres enfin ouvertes vers le ciel, comme ces fleurs craintives dont le calice ne s'entr'ouvre que dans le mystère de l'ombre.

XII

Au jour naissant, Victoire, brusquement éveillée, se redressa. Elle tendait l'oreille, pensant avoir entendu sonner la cloche qui l'éveillait, là-bas, à la Centrale. Et la cloche sonnait. Un tintement doux, sonore et mourant dans l'air qui l'emportait. Elle reconnut l'*Angelus*.

C'était le réveil des champs. Dans toutes les fermes la vie allait renaître avec son labeur accoutumé!

Le soleil ne paraissait pas encore. Un vent frais, humide et comme mouillé de la rosée qui gouttait aux feuilles et perlait au fin bout des herbes penchées, remuait la feuillée des taillis avec un frissonnement doux. Le caquetage des oiseaux commençait, et aussi l'ébrouement de leurs ailes au bord des nids.

Victoire, roidie par le froid, étira ses membres et se dressa sur ses genoux, comme pour prier; mais un malaise la tenait. Elle s'affaissa sur ses talons et demeura tassée dans son trou. Elle avait faim. C'était sa pensée unique maintenant. Ses flancs creux la faisaient souffrir.

Il lui fallait chercher sa nourriture, mais hors du bois, comme le loup affamé! L'instinct qui fait ruser les bêtes pour attraper leur proie poussa la Victoire à réfléchir sur sa situation pour en tirer parti. Avant tout il lui fallait manger. Il lui restait bien quelque argent qu'elle avait gagné à coudre des toiles pendant cinq ans, mais c'était peu pour son appétit. Elle eût tout dévoré en peu de jours. Et ensuite? Donc il fallait qu'elle cherchât à se louer.

Alors elle imagina une histoire pour dire d'où elle venait. Des maîtres qui l'auraient emmenée là-bas, à Montpellier, et puis qui seraient morts. Elle retournait au pays. C'était tout simple. Si l'on voulait savoir de quelle paroisse elle était, elle nommerait le Grand-Change, où elle avait grandi, chez les Jameau. Voilà.

Elle se leva tout à fait, défripa ses jupes et sortit du bois.

Déjà les paysans passaient, les outils sur l'épaule, s'en allant sarcler les blés en retard ou biner les pommes de terre. On parlait de la Saint-Médard qui venait de tomber le droit jour de la lune, amenant les pluies, et l'on s'inquiétait pour les foins à couper.

Victoire prit le pas d'un groupe de ces travailleurs, l'enjambée large et lente, avec la cadence rhythmée du corps alourdi, et elle parla comme eux, s'inquiétant. Même elle paraissait joliment s'y connaître, à tout ce qu'elle disait.

Alors, montrant son paquet, elle dit qu'elle

allait se louer. et elle demanda si l'on savait une place dans l'endroit. Personne ne savait, parce que les servantes ne changeaient qu'à la mi-août et se louaient pour un an. Mais elle pourrait faire des journées. en attendant.

« Oui bien, » répondait la Victoire.

Elle s'arrêta comme eux à l'auberge, où elle les fit rire tant elle s'emplit de nourriture. Puis, comme ils repartaient, elle demeura seule sur la route avec son paquet.

Dans la journée, elle poussa jusqu'à Lille, une grande commune, avec des maisons bourgeoises où elle n'osa pas entrer s'offrir, parce que dans ces maisons-là on demandait à prendre des renseignements, tandis que les paysans ne regardaient qu'à la vaillantise, sans plus chercher.

Elle rebroussa chemin, un peu honteuse d'être examinée par les gens qui l'avaient déjà vue passer, traînant son paquet, et qui la revoyaient à la nuit, rôdant autour des fermes avec son air farouche. Elle en aperçut qui demeuraient sur leur porte, pour la surveiller. Elle s'imagina d'un coup qu'elle était reconnue et qu'on allait lui jeter des pierres ou lâcher des chiens après elle. Alors, elle prit sa course, et revint à la nuit à l'auberge de la Chapelle où elle avait mangé le matin. Comme elle avait bien payé, on lui fit bon visage, et on la fit coucher après qu'elle eût soupé avec les gens de la maison, et même aidé la femme à ranger sa vaisselle, pour se faire bien venir.

De fait, on la traita bien, elle put y prendre gîte, pour, de là, courir le pays, cherchant une place. Seulement on lui garda ses hardes dans un coin, afin de se payer si elle venait à faire des dettes à l'auberge. Elle avait cessé de donner de l'argent, n'en ayant plus.

Et Victoire s'affolait, n'osant se plaindre. Car on lui avait proposé souvent telle ou telle maison dans les communes environnantes, qui demandaient partout des servantes. Mais c'étaient des maisons bourgeoises, où des dames, comme Mme Maleyrac, ne pouvant garder personne, faisaient encore les renchéries et demandaient des filles honnêtes, avec leurs certificats. Victoire refusait obstinément, ne se disant bonne que pour la terre et se taisant sur ce qu'elle avait appris à faire au château des Andrives.

Mais les pluies duraient. On ne faisait rien aux champs. A peine si, pendant les éclaircies, on abattait un coin de pré, laissant l'herbe en tas, n'osant y toucher de peur qu'elle pourrît.

Dans ces jours, on fit demander Victoire pour laver la lessive au couvent des sœurs de Chancelade. C'était à une heure de là. Elle demeura toute blanche, sans répondre. Seulement ses paupières se fermaient tout à coup pour cacher la peur qu'elle avait aux yeux.

Les sœurs ! cela lui rappelait l'hospice, et la supérieure, qui savait qu'elle avait tué son enfant, puisqu'elle était venue la voir en prison et lui dire qu'on ne lui rendrait jamais son petit, l'autre, le premier, celui qu'elle aimait, et dont la pensée, toujours, malgré tout, lui retournait le cœur. Son petit, qui devait avoir sept ans, et que l'on enverrait comme elle, bientôt dans quelque ferme, pour y garder les bêtes au commencement. Ce qui fait qu'elle regardait maintenant, sans pouvoir s'en empêcher, les tout petits qu'elle rencontrait, touchant leurs brebis ou leurs oies, et qui avaient un air triste.

Les sœurs ! oh ! non, jamais. Peut-être quelqu'une la reconnaîtrait. Pour n'y point aller, elle fit la malade, ces jours-là.

Comme aussi elle manqua bien de le devenir un soir qu'en revenant chercher du travail, au loin, là-bas, derrière Champcevinel, et qu'en dévalant le coteau par l'étroit sentier raviné, entre les touffes de pins et les vignes maigres, elle aperçut monter deux gendarmes. Ses jambes s'arrêtèrent. Elle s'assit au talus, si blême,

9

et si chavirée qu'on l'eût crue prête à rendre l'âme.

Quand elle put s'enfuir, elle semblait poursuivie, tant elle regardait autour d'elle et derrière, effarée, le corps en avant, avec des peurs de tous ceux qui la regardaient comme si elle traversait un lieu réservé aux honnêtes gens, qui avaient le droit de la chasser et de lui faire du mal, à elle, la bâtarde et l'infanticide.

Mais pourquoi aussi avait-elle faim? Sans cet appétit de vivre qui la travaillait avec une force plus grande, à mesure qu'elle passait ses vingt-cinq ans, elle serait peut-être demeurée un soir dans quelque fossé profond, se laissant mourir. Mais elle éprouvait comme une faim qui venait de tout son être vigoureux et musclé, au sang vif sous la peau blanche de la fille aux dents saines, aux yeux roux, aux cheveux ardents. Il y avait des heures où elle oubliait tout quand elle s'affalait sur la table d'auberge, l'estomac plein, coude à coude avec des travailleurs suant la fatigue, sentant la terre chaude, et qui la bourraient d'un coup familier dans ses larges flancs. Sa face se rosait, sa bouche rouge s'ouvrait, sensuelle, avide ; elle aspirait ce fumet de chair et de travail ; toute la gourmandise de son être se délectait dans une grande joie bestiale de la vie.

XIV

Heureusement, vers la Saint-Jean les pluies cessèrent et l'on put couper les foins. Comme il fallait se hâter, car maintenant l'herbe se couchait, étant trop mûre partout, on embauchait du monde pour la fenaison.

Et la Victoire ne savait à qui répondre : on se disputait cette paire de bras qui en valait quatre comme ceux que les femmes du pays apportaient au travail, molles et lentes avec la grâce dans leurs gestes.

Elle arrivait toujours la première, faisant de grandes enjambées, claquant ses sabots sur la terre sèche, lourdement. Sa fourche à l'épaule, sa paillote sur le nez, les jupes courtes, on la voyait passer, courageuse, et on lui criait du bord des prés en fauche :

« Hé ! la fille, c'est demain pour chez nous, pas vrai ?

— Oui bien, » répondait la Victoire.

Et elle s'en allait ainsi d'un pré à un autre tous les jours, gagnant ses quinze sous.

Le matin on faisait l'étalée. On s'attaquait aux berges. L'herbe, encore verdie, s'affalait molle et mouillée de la nuit. Il fallait l'enlever à pleine fourchée et la jeter de ça, de là, en la secouant. Ensuite, on l'écartait encore, du bout de la fourche, pour faire passer l'air et le soleil. Et quand c'était fini, on revenait retournant le foin, déjà sec par-dessus, et qui commençait à sentir sa bonne odeur de foin coupé.

A chaque rangée, les autres faneuses s'arrêtaient, appuyées sur leurs fourches piquées en terre, les bras lassés, suantes et essoufflées.

La Victoire ne s'arrêtait point. Elle avait la gloriole de n'être pas lasse ; et on la voyait aller et venir, toujours tournant et retournant l'herbe, si bien qu'elle activait la séchée et qu'on pouvait rentrer les foins le jour même.

Alors les charrettes venaient se ranger le long du pré. C'étaient les gamins qui les amenaient à vide. Ils piquaient les bœufs mauvaisement ou les tapaient de leur aiguillon si fort qu'ils pouvaient sur le nez. Et cela faisait un bruit sourd, tandis que les bêtes secouaient douloureusement leurs naseaux roses, d'où filait en s'éparpillant l'écume abondante et blanche comme neige. Cependant ils battaient de leur queue incessamment leurs flancs où se collait la nuée noire des taons aigus et des mouches bourdonnantes.

Le soleil s'en allait tombant derrière les collines, quand on commençait à charger. Les femmes avaient jeté leurs chapeaux de paille rousse, et l'on voyait leurs cheveux qui pendaient sous le fichu défait.

Elles râtelaient maintenant, ramassant le foin et le traînant au même tas. C'était la Victoire qui enlevait l'herbe à bout de bras, faisant plier la fourche sous le poids énorme qu'elle soulevait à la fois, pour le jeter dans la charrette à l'homme qui l'entassait par couches régulières. Puis elle se baissait et se relevait sans prendre le souffle, balançant sa charge et la jetant toujours plus haut à mesure que le char s'emplissait. Ses reins se cambraient, ses bras craquaient, sa poitrine se gonflait sous l'effort, et aussi son cou musculeux tout mousseux sous la nuque de sa toison fauve et crêpelée. A chaque coup, elle criait « Hop! » et sa bouche rouge aux dents éclatantes s'ouvrait toute sensuelle dans le plaisir excitant qu'elle prenait à faire jouer et craquer tous ses muscles dans l'odeur grisante des foins embaumés.

Lorsque les charrettes étaient remplies et bien peignées tout autour par les dents du râteau, on piquait les bœufs et l'on revenait à la ferme. Toutes les faneuses suivaient, l'outil sur l'épaule, et l'on chantait, à pleine gueulée, la chanson monotone et traînante aux notes aiguës qui s'en allaient loin dans la nuit, tandis que, par les chemins étroits où les charrettes cahotaient, frôlant les arbres, toutes les branches se frangeaient d'herbes échevelées.

Quand on eut serré les foins, partout, ce qui ne tarda guère parce que l'on avait dû se presser, Victoire aurait encore chômé en attendant les blés, si sa force et sa vaillantise ne l'eussent fait embaucher par le maire d'une petite commune des environs, et qui était un paysan.

Il la loua pour finir l'année, disait-il; après quoi l'on verrait.

On faisait ici de la petite culture comme chez les Jameau, et la Victoire se retrouva tout à fait heureuse à cette vie qui était la sienne. On ne lui demanda rien sur ses antécédents. Elle se conduisait bien, elle trimait comme un cheval, on lui payait de petits gages ; aussi elle fut bien traitée, mangeant avec les maîtres et jouant avec les filles et les garçons comme si elle eût été ni plus ni moins que la famille.

Pour un peu, la Victoire eût oublié tous ses malheurs. Elle se rempluma, comme on lui disait ; elle mit de la chair sur sa maigreur énorme, et sa figure blanche prit la couleur saine et dorée des pêches qui mûrissaient lors en plein été brûlant. Même elle revint à l'église comme aux bons jours, elle fit ses dévotions, et encore qu'elle fût vieille avec ses vingt-cinq ans, elle trouva des galants pour la faire danser aux soirées du dimanche, quand le violoneux passait par là et qu'il s'arrêtait à racler un air, pour l'histoire de boire un coup.

Elle paraissait toute pareille aux autres maintenant, sans qu'on pût soupçonner ce qu'elle cachait. Il lui venait même de la considération pour son honnêteté et son courage, et souvent les bonnes femmes disaient à leurs filles que plût à Dieu qu'elles ressemblassent à la Victoire!

Tout ce bonheur lui arrivant, après tant d'années noires, Victoire devint gaie et même un peu folle, comme il était dans ses goûts, du reste, et si alléchée à vivre qu'elle prenait du plaisir permis tant qu'elle en pouvait, sans nuire à son prochain, ni à son travail bien entendu.

Maintenant, elle allait aux frairies, aux danses, aux noces, partout où les maîtres la voulaient laisser courir, lui confiant même leurs jeunesses de filles que la Victoire savait fort bien garder du péché et toucher ferme vers la maison lorsqu'elles s'avisaient de faire les étourdies.

Pour elle, les garçons ne s'y frottaient point sans recevoir une rebuffade sous forme de bourrade, non tendre, mais appliquée de main rude et brutale parfois, comme si elle se défendait moins d'une caresse que d'un mauvais coup.

Cependant elle aimait à rire avec eux, et elle se lâchait à des plaisanteries roides qui la faisaient pâmer dans des secousses de tout son corps en gaieté. Mais leur toucher la faisait blêmir ; ses petits yeux s'épeuraient, et elle levait le poing. On ne l'avait vue s'attendrir qu'avec les enfants. Non pas les filles encore, mais les petits gars en culottes percées, sales et morveux, les cheveux brouillés et l'air grave, qu'elle rencontrait au bord d'un fossé, gardant la brebis et son agneau tout frisé qui fait des cabrioles. Si elle pensait que personne ne la pouvait voir, la Victoire s'asseyait au talus et tirait l'enfant devers elle, le regardant tout près... Puis elle lui demandait de chez qui il était ; et si le petit paysan, farouche, ne répondait pas, l'œil en dessous, suçant son pouce : « Mon Dieu, murmurait Victoire, toute prête à pleurer, si c'était lui ! »

XV

La commune de Chancelade fait sa frairie le 15 août. Autrefois on fêtait l'Empereur en même temps que la Sainte-Marie, et les pétards et les fusées, les banderoles et les lampions se mêlaient, pour la joie publique, aux chansons des cloches, aux hymnes des processions, aux bannières bleues et aux draps blancs qui flottaient au long des murs, tout embaumés de fenouil et de roses.

Aujourd'hui, on ne fête plus que la Vierge, et la frairie a perdu de son importance. Cependant on y vient encore, par coutume, même d'assez loin parfois.

C'est que le village est charmant, posé comme il l'est dans son creux de vallée et rangé tout autour de la vieille abbaye où des moines jadis possédèrent les droits des seigneurs. Des platanes superbes ombragent la place devant l'église de leurs larges feuilles dentelées, et se mirent dans la fontaine où furent ensevelis les cinq Anglais légendaires occis par du Guesclin. Une chapelle en ruine, un bijoux archéologique, est aussi plantée là, un peu de travers, sous les noyers immenses, Avec cela des montées couvertes d'herbes fines comme du gazon, des chemins qui s'en vont grimpant et dévalant vers la côte et vers la prairie où passe le ruisseau qui fait tourner les meules du moulin caché dans le contre-bas du grand mur abbatial.

Au bout des ormes, sur la place en haut, se découpant sur le ciel, la croix de fer, tout écharpée de guirlandes de lys.

Car on est très royaliste dans le bourg de Chancelade, — on entend les seigneurs et bourgeois, — et c'est avec frénésie que l'on use de la fête de Madame la Vierge pour arborer toutes les bannières blanches et faire flamboyer les lys. Les petites boutiques qui s'échelonnent sous les arbres ont l'air d'être parées exprès par toutes ces guirlandes qui courent d'un arbre à l'autre en festonnant. Et quand le tourniquet valse et vire, faisant danser les verres bleus, les bouteilles rouges, les carafons barbouillés de grosses fleurs et taillés à facettes, dressés en pyramide, on dirait des corbeilles de fleurs éclatantes mouvant dans l'air et le soleil leurs calices multicolores.

Entre la messe et les vêpres, la foule se masse ou se meut dans toute la longueur de la petite place, ainsi bordée de jeux et d'étalages de sucreries où les mouches, grisées de chaleur et de parfum, s'abattent par nuées bourdonnantes.

Les jolies filles, en robes claires, vont et

viennent, le pas nonchalant, avec de grands rires, ou s'arrêtent en des poses molles pour écouter les aveux du garçon qui les suit. Quelquefois elles laissent prendre leurs mains et s'en vont, ainsi menées, par la fête rustique qui encadre leurs naïves amours.

La Victoire toute flambante dans sa robe neuve, ses cheveux rouges au vent sous le fin bonnet de tulle dont les brides dénouées flottaient, riante et gaie comme ce jour d'été, s'en allait, trôlant d'une boutique à l'autre, poussant un tourniquet de son poing qui faisait tout branler, et s'esclaffant en des rires fous quand elle amenait un numéro qui la faisait gagner.

Comme elle se tournait, la face tout élargie de sa grande joie de pauvre fille heureuse, vers son maître arrêté derrière elle et qui venait de lui payer ce divertissement, elle entendit ce cri :

« Tiens, la Rouge! »

Et elle demeura pétrifiée dans son rire, les yeux clignotants, bourrée en plein cœur d'une angoisse atroce. Qui donc l'avait reconnue? Et elle vit deux hommes qui parlaient à son maître en gesticulant et en la regardant, elle!

Elle entendait des mots qui lui venaient malgré le tapage de la fête. On parlait du village de Grand-Change, des Jameau et puis des assises, où l'on avait vu juger et condamner la Rouge.

Brusquement, la Victoire prit la fuite. C'était fini, maintenant que l'on savait tout. On allait la chasser. Elle retombait comme d'un paradis dans la misère et la honte de ses jours passés.

La tête baissée, comme si tout le monde allait aussi la reconnaître, elle fila à travers la foule, s'imaginant qu'on la poursuivait, et elle courut tant qu'elle ne fut pas seule sur la route, loin du bourg où maintenant les cloches sonnaient. Un carillon joyeux appelait à l'église les fillettes toutes blanches et coiffées d'aubépine, qui devaient escorter la Vierge en sa procession triomphale.

Cela tirait le cœur à Victoire, qui aimait à voir passer dans sa gloire, droite et pure, rayonnante et encensée, la Vierge Marie portant un enfant dans ses bras. Dans son pauvre cerveau sans pensée, cette vision mettait un charme, un apaisement et comme une indéfinissable consolation.

Elle ralentit son pas, regardant derrière elle avec un regret poignant de tous ces bonheurs subitement perdus. Où irait-elle à présent que le bruit de son infamie allait se répandre par toutes les communes environnantes? Elle pensait à cela sans révolte, mais avec les peurs farouches d'une bête traquée, sans cesse débusquée de son gîte.

Elle ne pleurait pas, elle suait d'angoisses, bourrelée de cette pensée qu'elle était sans abri et qu'elle allait avoir faim. Car elle sentait bien que son maître la jetterait tout de suite hors de son foyer honnête où deux jeunes filles grandissaient. Même elle pensa qu'elle devait rentrer la première à la maison, faire son paquet et s'en aller sans rien dire. Elle n'aurait pas la honte de rougir devant ces braves gens qu'elle avait trompés.

Alors elle se remit à marcher de son pas large pressé, coupant à travers champs pour rejoindre le chemin qui montait vers la ferme par les bois, sous les chênes ou les genêts étalaient leurs fleurs d'or sur la gazonnée des herbes folles et des bruyères roses.

Mais si vite qu'elle se hâtât maintenant, elle arrivait trop tard. Le maître l'avait devancée.

Furieux, désolé d'avoir abrité sous son toit une fille que la prison venait de lâcher, il s'était pressé de rentrer avertir sa femme. Et tous les deux se lamentaient dans la salle basse où la fermière infirme, calme et douce, passait ses journées près de la fenêtre où Victoire l'asseyait tous les matins. La femme tremblait, avec son tricot dans ses doigts blancs, et regardait le maître dont la fureur croissait.

Victoire, en approchant, venait de l'entendre, et elle s'était adossée au mur, tout près, les mains jointes, le front baissé, ne bougeant plus.

La fermière disait que c'était un malheur pour eux, parce que la fille était une bonne ouvrière et qu'on n'avait rien à lui reprocher depuis qu'elle était dans la maison.

Il répondait que ce n'était pas une raison, puisqu'elle avait failli avant, et que tout le pays, d'ailleurs, lui jetterait la pierre si lui, le maire, gardait à son service une fille qui sortait de prison.

Et il en voulait presque à la Victoire de sa grande vaillantise et de son honnêteté chez eux, qui l'obligeaient à la regretter quand même. Il disait, en jurant, que cette hypocrite-là les avait trahis. Cette vaurienne, qui s'était conduite, vis-à-vis de lui, en brave et courageuse fille, l'exaspérait. Il disait qu'on devrait marquer ces misérables en plein visage, afin qu'elles ne pussent tromper personne.

La fermière, de sa voix de malade, l'apaisait par instants, avec des mots de pitié. Elle parlait de repentir, de miséricorde. Et la Victoire, collée au mur, entendant ces mots, se mit à pleurer. Elle pensait que bien sûr on devrait avoir pitié d'elle, car elle était bien malheureuse et si abandonnée que son cœur en crevait, à la fin.

Puis elle entendit une porte rudement tapée et un pas furieux qui s'en allait. Le maire retournait à la fête, afin d'y chercher la Victoire et l'envoyer faire son paquet. Il cognait son bâton par terre et contre les arbres, en se fâchant tout haut.

Dans la maison, rien ne bougeait. La fermière avait posé son tricot sur ses genoux minces, et, les doigts croisés, elle regardait par la fenêtre, en l'air, dans le bleu flambant du ciel, comme si elle y cherchait le Dieu de sa foi très humble pour l'implorer.

Dans le village, on disait que la femme du

maire, aujourd'hui infirme pour quelque rude coup qui lui aurait rompu les os, un jour où son mari l'avait surprise à mal faire, était autrefois une fine et gracieuse paysanne, douce et faible, que le mal d'amour avait touchée. Elle avait fauté, disait-on, sans que l'on sût, au vrai, si la faute avait dépassé l'effarement de son âme. Mais son corps en avait pâti, puisque depuis douze ans elle vivait sur sa chaise, au coin du foyer l'hiver, et l'été près de la fenêtre basse, par où elle suivait les travaux dans les champs, et, dans les cieux, le vol des hirondelles.

Elle priait et elle faisait l'aumône, toujours douce et faible comme autrefois; mais ses cheveux blonds avaient pâli, son visage était devenu couleur d'ivoire, avec un profil ciselé délicatement et des yeux clairs, presque blancs et comme sans regards, dans la fixité éternelle de ses pensées ou de ses souvenirs. Une coiffe blanche lui pendait sur les joues. Elle avait au cou le fichu clair et la croix d'or des paysannes d'autrefois. Dans l'encadrement sombre de la fenêtre bordée de vignes, elle mettait un charme de pastel effacé par le temps.

Comme elle demeurait les yeux levés, encore frémissante des colères de l'homme dont elle avait gardé l'effroi, elle entendit un gros sanglot, et elle aperçut la Victoire qui s'était glissée tout près d'elle et qui pleurait à genoux contre sa chaise, la figure cachée dans son bras.

« Las! ma pauvre fille, lui dit-elle, c'est donc vrai? Las! mon Dieu, Jésus!... »

Elle ne trouvait rien autre à dire, et elle soupirait, aidant ainsi la Victoire à se soulager le cœur.

Puis, au bout d'un temps, elle repensa au maître qui allait rentrer et qui chasserait durement la fille, peut-être avec des coups. Alors ça lui donna le courage de la faire partir.

« Il le faut bien, dit-elle, las! Seigneur, prenez pitié de nous! Il faut vous en aller, pauvre, mon homme l'a dit, et vous savez...

— Oui bien, répondait Victoire, j'ai entendu. Je m'en vas, maîtresse. C'était pour vous dire adieu. »

Et elle criait plus fort, car cette pitié de femme, la première dont elle eût senti la douceur, la faisait se fondre. Tout son cœur s'en allait, lui coulait de la poitrine avec comme un bonheur de cet épanchement. Sa rude écorce, encore endurcie par le contact terrible de la vie, s'amollissait soudain, attendrie et sensibilisée ; et la sensation qu'elle éprouvait là, pour la seule fois de ses jours, lui amenait un bouleversement dans lequel son cerveau s'exaltait. En cette minute unique, elle eut la compréhension rapide mais claire de tout un côté de la vie qui lui était fermé. Quelque chose jaillissait de son cœur qui l'éblouit. Et dans cette sorte d'éblouissement moral qui lui donnait comme une lucidité somnambulique, elle vit plus loin que sa pensée habituelle : elle aperçut sa vie, ses fautes, sa grossièreté, ses besoins indomptés, elle sentit vaguement qu'elle aurait dû ne pas faire le mal. Et elle éprouva du coup comme la secousse d'un remords.

Puis cet éclair, passé devant son cerveau dans une crise d'exaltation, s'évanouit, et elle demeura effarée dans son hébétude brutale, avec cette éternelle pensée qu'elle allait bientôt avoir faim. Elle ne pleurait plus, les poings dans les yeux.

« Il faut vous en aller avant la nuit, lui dit la fermière. Et voilà le soleil qui tourne derrière les chaumes, là-haut. »

En effet, le coteau en face s'éteignait peu à peu, et le reflet rouge du couchant entrait maintenant par la fenêtre enfeuillée. Il allumait un à un, comme les cierges d'une chapelle, tous les points blancs de la salle assombrie. Il rosait en passant, d'une lueur nacrée, la joue pâle de la fermière, il tombait sur la chevelure fauve de Victoire, la coiffant comme d'un lambeau de pourpre flamboyante.

Elle se leva pour aller chercher ses hardes.

Quand elle revint, son paquet sous le bras, la maîtresse lui donna ses clefs pour qu'elle allât querir la grande bourse tricotée où l'on serrait l'argent du ménage.

« Et faites vite, » lui disait-elle toute tremblante de la peur que son homme rentrât.

Car elle voulait bien payer la Victoire, puisqu'on la renvoyait. Et lorsqu'elle tint la bourse, elle lui compta dix écus. Mais Victoire se défendait : c'était bien trop ; on ne lui devait pas ça.

La fermière la tira par sa jupe et lui glissa l'argent dans sa poche, malgré elle. Même elle l'obligea à emporter la moitié d'un pain. Elle cherchait encore ce qu'elle pouvait lui offrir. Elle eut une idée, et elle lui fit cadeau de son chapelet. Il semblait qu'elle lui donnait ainsi la bénédiction de Dieu.

« Vite, disait-elle, en écoutant par la fenêtre, allez-vous-en : ils vont rentrer. Et que la Sainte Vierge vous protège ! pauvre !... »

Puis elle croisa ses mains, triste, apitoyée, la tête fléchie, toute blanche dans ses coiffes comme une madone sous ses voiles, et son regard, levé vers le ciel sombre, se fixa large et clair

Tandis que la Victoire passait le seuil et gagnait la route et s'en allait devant elle, sans savoir où, sans pensée, reprise d'hébétude, les yeux farouches, le pas pressé d'un vagabond qu'on poursuit.

Mais elle avait posé sur sa tête son paquet de hardes, et elle coupait son pain, et elle s'en emplissait la bouche, toujours vorace, ne songeant dans sa fuite qu'à apaiser cette terrible faim qui lui mordait les flancs.

XVI

On a donné le nom de « Périgord noir » à certaines parties du département de la Dordogne où le sol, la culture, les habitants offrent un caractère de sauvagerie, de rusticité fruste et noire, en effet, en complet désaccord avec le caractère général du pays, qui est riant, gai et riche, avec une population intelligente, ouverte aux progrès de la civilisation.

D'un arrondissement à l'autre, tout change : la physionomie des habitants, la configuration du sol, ses qualités productives et jusqu'au langage et aux mœurs. Le patois, ce roman corrompu, se modifie d'un côté du ruisseau à l'autre. Il est tel arrondissement où se commettent tous les crimes que l'on juge aux assises de la Dordogne.

Il y a peu d'années, dans l'un de ces coins noirs, une douzaine de paysans faisaient brûler, ligotté sur un brasier de broussailles, un gentilhomme accusé de bonapartisme. Des femmes attisaient le feu.

Aujourd'hui encore, deux officiers faisant par là des levés topographiques se virent poursuivis par des hommes armés de fourches : on s'imaginait que leurs gestes avaient pour but d'attirer le mauvais temps sur les récoltes.

Presque aux confins de la Haute-Vienne, le curé d'un village prêche dans le patois du pays, et il traduit dans cette langue, belle et imaginée, il est vrai, le *Pater* et le *Credo* qu'il fait réciter à ses ouailles chaque dimanche. Il leur explique, par des comparaisons tirées de leurs travaux journaliers et des choses grossières qui les entourent, toutes les moralités de l'Évangile. Il n'est pas toujours compris dans son œuvre de missionnaire parmi des sauvages.

C'est le pays des bois, des hautes futaies et des taillis qui couvrent les coteaux solitaires, inhabités, sans culture pendant des lieues. Des troupeaux de moutons, d'une petite espèce assez délicate, paissent, nombreux, aux flancs des collines déboisées, le long des vallées étroites où se creuse parfois le lit d'un étang morne et noir. Les loups hurlent et galopent ici en plein jour, décimant les troupeaux.

L'été, ces solitudes verdoyantes ont des grâces de pays vierge, de forêts inviolées, où les sentiers perdus sous les ajoncs et les mousses ne se retrouvent que sous les pieds, et demeurent cachés pour qui les cherche de loin. Des vols d'oiseaux tournoient au-dessus des étangs immobiles. Çà et là des rochers sombres sortent du flanc des coteaux, se dressent ou s'écroulent et demeurent suspendus comme immobilisés dans l'effort de leur convulsion.

L'hiver, les coteaux ont la teinte rousse des feuilles de chêne qui ne tombent qu'au printemps et claquettent, légères et blondes, pendues au bout des branches, sous la bise éternelle qui siffle et souffle à travers les détours, les gorges et les vals.

Parfois l'étang se moire d'une glace fragile, où le ciel mire ses étoiles, où galope la nue, où passe l'ombre des ailes qui battent l'air comme d'un coup d'éventail.

Parfois la neige couvre tout d'un immense voile, si blanc qu'on aperçoit de loin rôder les grands loups noirs.

Parfois on découvre un clocher, pauvre, couvert de ses tuiles moussues comme d'un chaume. Et, autour de lui, quelques maisons basses, espacées, les unes même isolées aux flancs d'un coteau déboisé et zébré par les sillons qu'a tracés la charrue : c'est un village. Il faudra faire des lieues pour en retrouver un nouveau que les gens de celui-ci connaîtront à peine.

Cependant, depuis que la voie ferrée les a reliés l'un à l'autre, leurs habitants se rencontrent aux marchés et aux foires.

Peut-être même, maintenant, y en a-t-il parmi eux qui savent lire.

Ils disaient alors que cela ne leur était point nécessaire pour planter la pomme de terre et ramasser la châtaigne, toute la production de cet endroit-là, avec le maïs.

Un jour, ceux du Cournil faisaient la récolte, battant de leurs gaules les grands châtaigniers, d'où pleuvait le fruit vert épineux, ensemble avec la châtaigne dépouillée, luisante et nue que les femmes et les enfants ramassaient.

C'était vers la fin d'octobre, et déjà le froid piquait. Toute la châtaignerie était ainsi battue, de place en place, et les sacs s'emplissaient que l'on hissait sur le dos des ânes, comme des bâts.

Partout dans les fossés, au bord des terres que couvrait le bout des branches, des gens baissés fouillaient les ajoncs, se blessant aux pelotes vertes qu'ils écrasaient cependant du sabot pour en extraire le fruit. Ici point de chansons et point de rires : on ramassait pour sa faim, avidement, sur le sol rude et dur, où mourait la dernière fleur des bruyères violacées, où pleuvait, sous le vent, le grain du genévrier qu'avaient oublié, en passant, les dernières grives.

Tout à coup, ceux du Cournil se redressèrent lentement, avec une surprise muette. Au bord du bois une forme humaine s'était levée du fossé, énorme dans ses haillons, décharnée et pâle.

C'était la Victoire qui s'en était venue là comme au plus loin qu'elle avait pu, depuis deux mois passés qu'elle errait, cherchant sa vie. Elle ne connaissait personne par ces endroits-là, et personne ne la devait connaître. Mais elle ne rencontrait que des visages farouches, et, pour ne pas mourir, depuis huit jours, elle volait des raves dans les champs. Elle venait là aussi pour voler des châtaignes qu'on n'avait pas encore abattues. Et voilà qu'on les ramassait. Elle se leva.

Les gens ne disaient rien, mais ils la regardaient marcher vers eux avec son paquet sous le bras, repoussante et menaçante dans ses petits yeux qui luisaient.

« Si vous vouliez, dit-elle aux plus proches, je vous aiderais. »

On lui répondit :

« Nous n'avons besoin de personne pour nous aider à manger notre bien. »

Elle reprit :

« J'en mangerai bien tout de même ; j'ai faim. »

Et elle se baissa.

Les hommes s'avancèrent vers elle, le poing levé, en criant : « A la voleuse ! » comme ils auraient crié : « Au loup ! »

Les femmes lui braillaient des injures ; les enfants ramassaient des pierres et les lui jetaient ; les chiens maigres arrivèrent d'un trot et lui happèrent les jupes, en aboyant. Elle les chassa d'un coup de pied et fit des gestes terribles en brandissant son paquet.

Des coteaux voisins, les gens regardaient ; les uns venaient rapidement avec leurs fourches. Alors la Victoire fouilla dans sa poche et leur dit :

« J'ai de l'argent pour vous payer, oui bien, si je voulais ; mais je veux me louer pour gagner ma vie. Voilà. Je cherche une place. Vous n'en savez pas, vous autres ? »

Ils s'apaisèrent quand ils lui virent quelques sous dans les doigts, et ils répondirent qu'ils ne savaient pas.

Elle s'informa s'il y avait une auberge dans

le village. Bien sûr qu'il y en avait une, et on lui dit des noms, en faisant des signes pour indiquer le chemin.

Mais la Victoire ne s'en allait pas, toujours regardant autour d'elle de son air sournois.

Alors les gens se remirent à la besogne, et elle les suivait, mais sans oser ramasser. Ils se plaignaient, la récolte était mauvaise, tandis qu'à côté, chez ceux de Saint-Pierre, la châtaigne était grosse quasiment comme un œuf, et que les arbres en cassaient, les branches couchées par terre.

Une femme se mit à dire que jamais le Sauvage n'aurait fini de rentrer sa récolte, lui qui était seul, avec tout ce coteau qui lui appartenait, là-bas, vers le couchant :

« Tiens, dit-elle aussitôt à la Victoire, il vous prendrait peut-être à la ramassée au tiers, si vous lui demandiez.

— Où ça ? » s'écria Victoire.

La femme répondit :

« Chez le Sauvage, là-bas, derrière le mont. Ah! c'est pas pour dire que c'est un homme bien famé, non : car il a fait des choses qu'on dit qui sont bien honteuses et épouvantables, même qu'on a peur de lui, quand il passe, à cause de cela. Mais il n'y en a aucun autre ici qui vous peut employer, sinon lui, s'il en a besoin. Et il m'est avis que ses châtaignes gèleront s'il ne prend du monde pour lui aider à les rentrer.

— J'y vais aller, dit la Victoire. Faut bien manger, pas vrai?

— Ah! oui certes, répondit la femme. Tenez, c'est par là, tout droit devant l'étang des vergnes, vous voyez? ensuite montez à gauche et tournez le mont. Vous verrez sa maison au levant. Peut-être bien que vous le rencontrerez dans le bois. Lui parlez pas, hé! que je vous ai dit la chose, il me ferait un mauvais coup comme à l'autre.

— Quel autre? » dit la Victoire, inquiétée.

La femme voulait se taire, mais elle ne pouvait pas. Elle lâcha tout bas :

« Hé! celui qu'il a assommé un soir, au coin d'un bois, pour le voler, qu'il en a depuis lors acheté sa maison et ses terres. Ah! pauvre! c'est une canaille, allez! Mais on n'a pas osé le faire mettre en prison, les gens le craignent. »

En prison! Victoire frisonna. Une idée lui vint.

« C'est peut-être pas vrai, » dit-elle.

Puis elle dit encore à la femme :

« Merci bien, tout de même. »

Et elle s'en alla par le chemin qu'on lui avait montré.

Elle descendit vers l'étang, tout pâle de la couleur du ciel voilé d'une blancheur de neige prochaine, avec ses roseaux frissonnants et ses bouleaux taillés au ras du tronc énorme, qui l'enveloppaient comme d'une colonnade irrégulière et tronquée où les lierres montaient autour des fûts grisâtres.

Elle prit vers la gauche un sentier qui passait sous la forêt blonde des taillis. Elle grimpa vers le sommet du coteau couronné de pins qui profilaient sur le fond du ciel blanc leurs colonnes droites, hautes et fines, avec leur chapiteau verdoyant comme un bouquet de palmes, et qui mettaient sur ces hauteurs la vision du vestibule d'un temple grec à ciel ouvert.

Elle traversa la sapinière où craquetaient sous ses pieds nus l'amoncellement des branchettes desséchées et la poussière des feuilles effilées qui couvraient le sol comme d'un tapis roux.

Et, tout de suite, de l'autre côté du coteau, où déjà l'ombre descendait, elle aperçut une terre labourée, un champ, un jardin, et puis une maisonnette qui n'ouvrait pas de ce côté là, mais avait sa porte au levant.

Victoire fit le tour, regardant si l'homme qu'on appelait « le Sauvage » n'était point dehors. Elle ne vit rien ; seulement, en approchant, comme le toit fumait, elle pensa qu'il était là, et une peur l'arrêta toute froide.

Le toit fumait, et, par la porte entrebâillée, on voyait le feu, et une odeur venait jusqu'à Victoire du souper que l'homme apprêtait. Sa face rougit d'une fureur d'appétit, elle s'approcha et poussa la porte.

« Qui va là ? » cria une voix menaçante.

Et un homme, accroupi devant le foyer, se dressa soudain, tenant à deux mains sa pelle à feu, large et lourde, en fer rongé de rouille couleur de sang.

Victoire le regardait au visage avec épouvante. Un visage embroussaillé d'un poil noir grisonnant, avec des sourcils énormes qui tombaient sur le luisant de deux prunelles fauves. Elle murmura, très humble :

« C'est des gens qui m'envoient. »

Il aperçut le paquet qu'elle avait sous le bras, et il posa sa pelle.

« Quelles gens ? dit-il.

— Des gens qui ramassent, là-bas.

— A Cournil ? »

Elle fit « oui » de la tête, sans savoir.

Alors il eut un rire, et se rapprocha.

« Ah! ah! dit-il, montrant ses dents longues comme des crocs, ça ne ne va pas fort, les châtaignes, cette année. Au lieu de vendre, il en faudra acheter. Et l'on veut savoir à combien je tiens les miennes, pas vrai? Mais la ramassée n'est pas finie, et l'on attendra. Je veux voir les cours. On parle de vingt francs le quintal, savez-vous? »

Et il se frotta les mains.

« Peut-être bien, » répondit Victoire.

La faim la rendait hardie. Elle eut l'esprit d'ajouter :

« Je leur dirai. »

Puis, tout droit, elle continua :

« Mais ils disent par là que votre récolte, à vous, pourrait bien geler, si vous ne la levez pas tout à l'heure. »

Alors, l'homme s'emporta. Il jura Dieu qu'on lui voulait jeter un sort, mais qu'il s'en moquait, et que si ces châtaignes gelaient, on les mangerait gelées, voilà tout. Mais il regardait en l'air, du seuil de la porte, et sa face se plissait de fureur sous la tombée de l'air glacé.

C'était peut-être bien vrai, tout de même, qu'il allait geler. Et si la neige arrivait, couvrant tout le sol et les branches, on n'en retirerait pas même un « pélou ». L'homme cria :

« Chien de pays, va! Terre de loups! Personne pour vous donner un coup de main quand la besogne est pressée !... »

La Victoire, qui humait la soupe pendant que l'homme gesticulait, s'offrit tout de suite.

« Je vous aiderais, moi, dit-elle, si vous vouliez. »

Il la regarda de travers.

« Vous? Vous n'êtes donc pas du pays?

— Non pas. Je viens pour me louer.

— Je ne veux louer personne. »

La Victoire trembla.

« Ça ne fait rien, dit-elle. Je ramasserai au

tiers, et puis je m'en irai. Vous verrez comme je vous en lèverai des sacs dans une journée.

— Tout de même, dit-il. Revenez donc demain. »

Et il rentrait, poussant sa porte. Mais elle cria, tout angoissée :

« Il fait jour encore de l'autre côté du coteau. J'en lèverais bien un bissac avant la nuit, et ça serait d'autant, voyez-vous ? »

Il la regarda, soupçonneux, les yeux tout petits sous le tas brouillé des sourcils.

« Alors, vous laisserez votre paquet ici, » dit-il.

Et il lui donna une sache.

Elle s'en alla vite, remontant la côte, passant sous les pins, et dévalant au couchant, où cependant la nuit commençait à faire de rondes ombres sous les lourds châtaigniers.

Sans rien dire, l'homme avait pris son fusil, et, de loin, d'arbre en arbre se cachant, il la suivait. Quelque voleuse, peut-être ; et il avait armé le chien, le doigt sur la détente, comme s'il attendait une envolée de perdreaux.

Cependant la Victoire, renforcée par ce coup de fortune, battait les arbres, secouait les branches, écrasait les « pélous » sous ses pieds nus sanglants. Et le bissac, qu'elle traînait de place en place, commençait à s'emplir.

Comme elle n'y voyait plus, à trouver l'enveloppe épineuse, encore verte, tombée dans les ajoncs, elle se baissait, marchant sur ses genoux, tâtant avec ses mains. Elle se piquait, s'écorchait, saignait, mais elle ne le sentait pas. Elle pensait au foyer, là-bas, à la marmite pleine où la soupe bouillonnait avec son odeur grasse de lard et de choux.

Décidément, la neige ne tomberait pas cette nuit, mais bien la gelée. Le ciel était devenu clair, les étoiles y montaient, pâles encore, et la lune, en croissant très doux, venait de se montrer au-dessus de la colonnade des pins. Une bise aiguë passait sur les feuilles des chênes, et les feuilletait toutes ensemble avec un craquètement léger et lointain, comme un frisson épeuré de toute la forêt aux approches des ombres.

Victoire se releva en voyant luire, au travers des fougères hautes, deux yeux plus ronds que des lucioles et qui se rapprochaient.

« Les loups, » dit-elle.

Alors, elle chargea son bissac sur son épaule, s'arma d'un pieu et remonta la côte.

Quand elle se tournait, elle voyait un loup derrière elle, marcher gravement, pas à pas, mais à distance toujours plus courte, avec de temps à autre, un bâillement qui hurlait.

Comme elle allait toucher la maison, elle fit un cri : l'homme était là avec son fusil allongé. Alors elle crut comprendre, et elle lui dit qu'en effet les loups l'avaient suivie, mais qu'elle n'avait pas peur.

Il eut un ricanement, et il lâcha son coup au hasard.

Puis il rentra derrière elle et barra la porte. Il prit le sac, le soupesa, hochant la tête comme pour dire que c'était peu et que cela ne valait pas le partage; on verrait demain.

Et la Victoire demeurait plantée, les yeux luisants de faim. Son cœur devenait gros, et des sanglots lui gonflaient la gorge.

L'homme allait et venait, ne disant rien, préparant son souper.

Un grand feu de pommes de pin flambait dans l'âtre, où la soupe bouillait, découverte, maintenant que l'homme y trempait sa cuiller ronde qu'il ramenait pleine de légumes fumants et du liquide blond que, sur la taillée de pain bis, il versait bouillonnant.

Des frissons passaient sur les joues blêmes de Victoire. Elle tenait à deux mains ses flancs creux, les yeux fixes, dévorants, la bouche sèche. Tout à coup elle dit, étranglée de désir et de peur :

« S'il vous plaît, nous ne partagerons pas la ramassée de ce soir, et vous me donnerez seulement une assiettée de votre soupe; voulez-vous bien?

— Mais, dit l'homme, en se retournant, si vous vous arrêtez ici, il sera trop tard pour vous en aller ensuite. Où habitez-vous?

— Loin, dit-elle. Si je m'en vas, je ne pourrai pas revenir vous aider demain.

— Alors, vous voulez coucher?

— S'il vous plaît! dit-elle. Oh! sur une bottelée de foin, dans l'étable. Je me lèverai au petit jour pour commencer l'ouvrage. Ça presse, voyez-vous? »

L'homme songea un moment, la regardant toute sans rien dire. Enfin, il grommela :

« Comme il vous plaira. »

Et il se remit à plonger sa cuiller dans le pot qui fumait.

Malgré qu'elle fût honteuse, une si grande joie la secoua à ces mots, qu'elle ne put s'empêcher de crier que ça sentait rudement bon, la soupe, chez lui.

Et tout son être affamé se rapprocha brusquement, brutalement de l'homme qui maintenant lui faisait sa part dans une assiette brune, large et profonde, pleine jusqu'aux bords.

Ils soupèrent, face à face, sur les deux bancs, de chaque côté du foyer, les pieds vers le feu.

Et puis l'homme bourra sa pipe, et se tassa, le dos au mur, silencieux, pendant que Victoire, se faisant obligeante et souple, promenait son grand corps au travers de la maison qu'elle nettoyait comme si elle était la servante.

Quand tout fut net et rangé, elle revint au foyer et elle s'assit, avec sur ses genoux un grand crible rempli de châtaignes de rebut que l'homme épluchait chaque soir, à la veillée, pour son repas du lendemain.

Cette fois, il fumait, disant des mots rares, les mains oisives, tandis que Victoire avec son couteau dépouillait une à une les petites châtaignes de leur écorce de satin brun et les rejetait blanches et rosées, avec leur odeur tendre.

Comme elle était repue, elle sommeillait à demi, le visage apaisé, dans ses cheveux roux qui frisaient tout autour. Ses vêtements crevés montraient ses formes robustes, sa poitrine soulevée, puissante, malgré la maigreur des os et du cou décharné, long et blanc. La flamme des pins la dorait et la chauffait, lui tirant une odeur fauve.

L'homme fumait sa pipe, avec des coups de lèvres et des poussées de fumée énormes qui lui brouillaient le visage. A travers ces buées. il regardait Victoire.

Autour de la cheminée, c'était l'ombre : on s'éclairait avec le feu. Cela faisait comme un cadre de lumière où, sur un fond d'or, ces deux figures, presque immobiles, se détachaient, le profil noir.

Avec le soufflement de l'homme et la déchirure cassante de l'écorce sous le couteau de Victoire, et le grésillement des pins qui s'écroulaient par instants dans le foyer, on n'entendait, dans la maison du Sauvage, que le frottement du vent sur le toit, et, de loin en loin, les hurlements plaintifs et sinistres des loups qui, par les bois, rôdaient.

XVII

Trois jours plus tard, la neige tombait. D'abord fine, menue, comme une pluie d'argent; elle touchait terre et puis s'évanouissait.

Alors elle revint plus hardie, plus lourde, bientôt énorme en gros paquets qui faisaient plier les branches. Elle couvrit tout, la terre, les arbres, les toits.

Une blancheur immense enveloppait le pays, au loin. Les routes étaient perdues, les sentiers disparus. Les feuilles chargées ne bougeaient plus ; les bêtes, tapies en leur trou, se taisaient. Partout un grand silence de monde fini. A peine une fouettée du vent dans les neiges qui se frôlaient en l'air.

Tant qu'elle l'avait pu, Victoire s'était battue avec les grands châtaigniers, faisant pleuvoir, à coups de gaule, ensemble les paquets de neige et les « pélous », déjà noircis par la gelée.

Elle était coiffée d'un bissac, comme d'une cagoule de moine, qui lui descendait sur les épaules.

A la voir gesticuler de ses bras infatigables, les paysans des coteaux voisins s'inquiétaient de cette ombre fantastique qui s'agitait éperdument, et comme en des gestes étranges, sur le fond blanc des neiges.

Maintenant ils avaient une peur non moins grande de la fille qui travaillait, par des temps pareils, pour le compte du Sauvage, que de l'homme lui-même. Si elle était venue jusqu'à leur porte, ils l'auraient chassée et pourchassée avec le manche à balai des sorcières et le buis bénit des Rameaux.

Enfin, un jour, on ne la revit plus; la récolte était presque toute levée. Elle la triait au logis, enfermée avec l'homme qui lui payait sa part, comme elle le lui avait demandé le premier soir, avec la soupe et le coucher.

Mais, la ramassée étant finie, il lui dit qu'il n'avait plus besoin d'elle, et qu'elle pouvait s'en aller.

« S'il vous plaît, lui dit humblement la Victoire, gardez-moi encore pendant ces temps, où il ne ferait pas bon à être dehors, et je vous filerai de la laine pour vous payer. »

L'homme ne répondit rien d'abord, mais il se cacha pour ne pas avoir l'air content. Ensuite il dit qu'il voulait bien, si elle était capable de porter sur ses épaules un sac de marrons qu'il voulait aller vendre au marché du lendemain, parce que son âne se casserait les jambes s'il le faisait dévaler la côte sur les bruyères glacées.

Victoire se dépêcha de crier qu'elle voulait bien, et tant qu'il lui plairait.

Alors cela demeura convenu; et Victoire passa la soirée encore près d'un bon feu, pendant que la neige en haut faisait craquer le toit. Elle ravauda ses hardes pour le lendemain et remit des clous à ses sabots qui ne tenaient plus.

Le lendemain, elle dévalait la côte en place de l'âne, chargée sur le cou d'un sac rempli qu'elle cramponnait d'une main. Elle allait vite, malgré tout, pour attraper l'homme qui marchait devant, dans sa grosse veste ronde en laine bourrue, sous son chapeau large, épais, où la la neige mettait, tout le tour, une fourrure blanche.

Cependant Victoire clopinait; ses sabots s'en allaient, en dépit des clous; il manquait du bois au talon, et sa chair, qu'on voyait par là, paraissait sanglante. Mais elle était rudement contente, tout de même : elle suivait son maître, elle avait du pain.

Au bas de la côte, il l'arrêta pour la laisser souffler. Elle fut tout attendrie par cette complaisance, même qu'il lui avait parlé quasiment comme à quelqu'un qui vous intéresse. Elle le regarda de ses petits yeux doux de bonne bête reconnaissante, et elle se tira vite de l'arbre où elle s'était accotée avec son sac, pour lui montrer qu'elle ne se fatiguait pas à le bien servir,

Quand elle arriva au marché, des gens qui la virent porter ce faix s'émerveillèrent; et l'on disait tout haut qu'elle était forte comme un cheval, dont la Victoire devenait rouge de gloriole.

Mais le Sauvage s'apercevait que cette fille faisait envie, et il pensait qu'on pourrait bien la lui prendre tout de même.

Alors il la renvoya à la maison préparer le souper. Et la Victoire, bien heureuse, s'en retourna.

Quand il rentra, le soir, il avait au bout de son bâton, et qui lui pendillait sur l'épaule, une paire de sabots tout neufs, noirs, luisants, avec des semelles qui brillaient comme de l'argent, tout encloutées de clous énormes.

« Tiens, dit-il, en les jetant par devant la Victoire, voilà pour toi. »

C'était la première fois qu'il lui disait « toi ». Victoire demeura saisie à la vue de ce présent magnifique. Elle ne bougeait pas, toute droite, ébahie, n'osant rien dire, avec la peur d'avoir mal compris.

A la fin, elle se baissa timidement et ramassa les sabots en poussant des exclamations. C'était trop beau pour elle, vrai ! C'est qu'ils étaient en cœur de chêne, oui bien, et vernis comme pour aller à la noce...

Lui riait terriblement dans sa broussaille grisonnante. Il grommela :

« C'est bon, c'est bon, mets la soupe et allume le « chaley » pour ce soir. »

Elle alluma la petite lampe à bec où passait une mèche qui baignait dans l'huile rousse et puante, et elle l'accrocha à la chaînette qui pendait du toit, au-dessus de la table où la soupe fumait. Il y avait de chaque côté des assiettes en faïence à dessins bleus, comme on en voit au dressoir des maisons bourgeoises, et des couverts en fer, qui semblaient battant neuf, car la Victoire les avait raclés dans le sable.

Le foyer s'emplissait de flammes claires avec un crépitement joyeux et une bonne odeur de genièvre et de pins ; on eût dit une fête. L'homme avait son chapeau jusqu'aux yeux, et il mangeait, les coudes sur la table.

Ce soir, il parlait à la Victoire, assise en face de lui, tout enflammée de plaisir, la chair rosée et plus flambante que jamais dans ses cheveux roux frisottants. Il disait qu'on était bien heureux d'avoir « un chez-soi » par des temps pareils, et qu'il y en avait d'aucuns, sans feu ni lieu, qu'on pourrait bien trouver demain matin au coin d'un bois, rien qu'avec leur carcasse, les loups ayant dévoré le reste.

Elle frissonna à cette pensée que si le Sauvage l'eût mise dehors, elle serait peut-être bien de ceux-là, à l'heure qu'il était, tandis qu'elle avait chaud de tout son corps dans la maisonnette bien close, et l'estomac rempli de la soupe odorante dont ses lèvres grasses luisaient.

Quand la veillée fut faite, et comme la Victoire tirait vers la porte intérieure, qui communiquait aux étables où elle couchait, l'homme lui cria :

« Fais pas la bête, et viens-t'en coucher par ici. »

Il n'y avait qu'un lit dans la chambre : le sien.

La Victoire resta plantée, ne comprenant rien, regardant l'homme qui, lui, la tenait sous ses yeux allumés.

« Faites excuse, dit-elle, j'ai pas entendu.

— Que si fait bien, dit-il : mais tu veux te faire prier. Allons, viens. »

Il posa la main sur elle, et cette fois elle comprit.

Les jambes lui manquèrent net, et elle s'accota au mur, toute pâle.

Elle murmurait pleurante :

« Vous ne voudriez pas, notre maître, vous ne voudriez pas ?

— Quand je te dis de venir ! » Et il la saisit.

Mais elle le bouscula avant d'y avoir songé, les yeux pleins d'épouvante.

« Ah ! c'est comme cela ! dit-il ; eh bien, dehors, et plus vite que ça ; allons, file, va coucher dehors... Veux-tu remuer ? ou je prends une trique. »

Victoire éclata en larmes et puis se mit à beugler, accroupie par terre, la tête dans son tablier.

L'homme ne disait plus rien, allant et venant, le pas furieux, le regard louche ; mais dans sa barbe hideuse il riait. Il s'arrêta tout à coup devant elle en disant :

« Quand tu auras fini, tu sais ! J'en ai assez,

moi. Ah! tu croyais que j'allais te nourrir, et t'acheter des sabots, et te garder au coin de mon feu comme une poulette, tout l'hiver, afin qu'au printemps tu files te loger ailleurs pour ma récompense, pas vrai? Tu me prends pour un autre.

— Mais je resterai tant que vous voudrez, dit-elle, relevant la tête et joignant les mains, tout près de lui, d'un geste affolé de supplication.

— J'en serai plus sûr comme cela, dit-il ricanant. D'ailleurs, t'es par trop bête, ma pauvre fille, de refuser ton bonheur. Tu vois bien que j'ai du goût pour toi, et si tu savais faire, on ne sait pas, on pourrait bien nous marier quelque jour. Je ne suis plus bien jeune, mais j'ai besoin d'une femme. Une jeunesse ne serait pas mon fait; tandis que toi, si tu voulais, quand je serais bien sûr de toi... hé! hé! tu sais, c'est pas avec le vinaigre qu'on prend les mouches. »

Victoire écoutait de toutes ses forces, muette

maintenant, étourdie de cette idée qu'elle pourrait être épousée par cet homme, et demeurer ici, chez elle, toujours.

Il reprit, la voyant touchée :

« Tu serais pas heureuse, peut-être, de devenir la maîtresse ici ! car j'ai de bons biens, sans que ça paraisse. Et quand la saison va venir, ou j'achèterai des veaux pour labourer, ou j'aurai des troupeaux, et tant qu'il me faudra du monde, tu serais la maîtresse, toi ; tu commanderais, toi qui as toujours servi ; tu aurais de belles robes de laine, avec des galons sur la jupe, comme les femmes des riches... Mais si tu aimes mieux aller coucher avec les loups, bonsoir, vois, la porte est ouverte, file... »

Et comme la Victoire s'était remise debout en écoutant, il la poussa par l'épaule vers la porte qu'il venait d'entre-bâiller, assez pour que le froid aigu entrât, tout roide, avec le vent qui fouettait la neige, et vînt faire frissonner la Victoire en sueur, et qui recula. Elle regardait dehors tout de même, mais la blancheur vague qui noyait tout autour d'elle l'épouvanta.

Cependant, elle demeurait là, torturée, le cœur suspendu, ne soufflant plus, n'osant pas penser, avec une souffrance de tout son être. Elle attendait qu'un courage la prît pour s'en aller. Et c'était une faiblesse qui la gagnait.

Encore la faim, encore le froid, encore la course échevelée qui allait recommencer, si elle ne mourait pas de cette nuitée par les bois.

Au dedans le feu pétillait, et sa quenouille demeurée droite auprès de sa chaise, avec la laine d'agneau qu'elle avait filée tout le soir, lui tirait les yeux avec un désir grandissant de reprendre sa place à ce foyer et de tourner encore ce fuseau dans ses doigts.

Mais l'homme, qu'elle ne regardait seulement pas, eut un coup de colère, et il lui donna une bourrade qui la jeta dehors.

A ce moment, dans les bois proches où les loups rôdaient, un hurlement formidable éclata.

Quelque bande qui se rapprochait. Victoire fit un cri, se cramponna à la porte que l'homme poussait sur elle et se rejeta en dedans toute tremblotante et épeurée, les yeux fous, avec un grand soupir désespéré.

« Allons donc ! » dit-il dans un grognement de rire.

Et il referma la porte sur eux.

XVIII

C'était vrai, tout de même, qu'il avait de bons biens, le père Sauvage, comme on l'appelait maintenant, car les gens revenaient peu à peu de leur première idée quand ils l'avaient vu, tout à coup, devenir riche. Les femmes seules clabaudaient encore ; mais les paysans levaient l'épaule en disant : « Est-ce qu'on sait? »

Et l'on ne parlait plus, que comme d'une légende, de l'homme volé et assasiné au coin d'un bois. Bien sûr que personne ne l'avait vu. Alors quoi?

Et puis l'homme s'était glissé dans les cabarets, auprès d'eux, les jours de foire, et leur avait payé le vin. On l'avait invité aux veillées, et il y était allé, surtout là où il y avait des filles. Et d'aucunes pensaient tout bas qu'il n'était point trop vieux, tout de même, pour épouser une jeunesse, avec tout le bien qu'il avait.

C'est qu'il faisait le galant, ce père Sauvage. Il s'habillait comme un monsieur de la campagne, avec des gilets à fleurs, des cravates voyantes, des souliers fins.

Enfin le respect venait. Et ce fut bien pis quand on le vit toucher devers chez lui deux paires de veaux, quasiment gros comme père et mère, roux comme de l'or, avec de petites cornes blanches et pointues qui leur retournaient déjà sur le front.

Sans doute il en avait, des écus, celui-là. Ce

n'était pas étonnant si la servante allait si cossue et faisait sa faraude, les dimanches, avec ses jupes de cadix, roides comme des pans de bois, son châle de tartan rayé et sa coiffe où pendait, ma foi, une dentelle fine. Même elle portait des anneaux d'or aux oreilles, cette fille que l'on avait vue arriver au pays à peu près sans chemise et mendiant son pain.

Tout cela faisait tort à sa réputation; et les muguettes qui auraient bien voulu se faire épouser par le Sauvage disaient pis que pendre de sa servante.

Lui, quand on l'en taquinait, le soir, aux veillées, il jurait ses grands dieux que ce n'était pas lui.

Cependant, il avait eu un coup de passion pour la Victoire. Cette créature robuste, aux bras blonds infatigables, à la nuque rousse comme un soleil, si naïve et si douce au fond de sa rudesse, l'avait comme empoigné pour un temps. Et, en ce temps, il l'avait étourdie de ses générosités, si bien que la Victoire pensait qu'il tiendrait sûrement sa promesse, puisqu'il la traitait déjà et par avance comme sa vraie femme devant le bon Dieu.

Elle en était toute changée, la Victoire, tout assagie dans l'appétit de son corps. Il semblait qu'elle eût pris des années d'âge pendant ces quelques mois qui venaient de passer. Elle ne se mettait plus en folie, malgré son bonheur, quand on festoyait au logis les femmes et les hommes, tous ensemble mêlés autour de la table où l'on venait énoiser, et que le vin blanc circulait dans les pichets de terre brune. Les plaisanteries fortes ne la chatouillaient plus à faire crever son rire bestial. C'étaient maintenant les jeunesses qui riaient, et la Victoire seulement levait l'épaule avec des « las, mon Dieu! » apitoyés.

Et puis, c'est qu'elle était économe avec cela, et si ménagère de son bien qu'elle en avait tari sa grande gloutonnerie et cette voracité féroce qui, jadis, sans cesse la rongeait.

Dans cette existence conjugale où ses instincts puissants s'étaient apaisés, et comme elle n'éprouvait plus l'inquiétude de ses besoins, ni les tourments cruels qui l'avaient tenue si longtemps dans une hébétude douloureuse, Victoire s'était presque affinée, et son cerveau étroit, moins fruste et moins lourd, devenait capable de concevoir des idées et des raisonnements qui ne l'avaient jamais approchée jusqu'ici.

C'était en quelque sorte l'épanouissement d'un être moral sous le coup d'un rayon de bonheur.

Car elle était heureuse, la Victoire, de tout un bonheur à jamais rêvé.

Elle retournait la terre qui, paraissait-il, lui appartenait. Elle possédait sa maisonnette, au ras des champs, au fond des bois. Elle travaillait à côté de son homme, qui la payait d'amour et de luxe.

Elle était la maîtresse au logis, propre et net, gai maintenant de la vie qu'y mettaient ses volontés souveraines. Car elle avait eu des exigences : et les poules pondeuses picoraient autour de ses jupes et caquetaient avec elle du matin au soir. Leurs couvées venaient d'éclore, des couvées hâtives, précieuses pour la vente, et que Victoire dorlotait autour de son foyer, ainsi rempli d'un pépiement d'oiseaux et d'un froufrou incessant d'ailes blondes. Un barbet s'étalait sur le seuil du logis, et ses aboiements tendres de jeune chien gâté faisaient s'envoler à tout coup la pigeonnée nouvelle qui s'abattait autour de Victoire, dès qu'elle apparaissait, la main levée, remplie du grain qu'elle ramassait à pleins poings dans son tablier retroussé.

Elle avait déclaré qu'il lui fallait des bêtes. D'abord ça rapportait, et puis c'était triste, une maison où rien ne bougeait. Elle comprenait cela quand il était seul ; mais aujourd'hui...

Et lui laisait faire.

Elle planta des ruches au mur où chauffait le soleil, et des fleurs aux jardins pour quand y viendraient les abeilles.

Puis quand elle vit arriver les veaux, elle fit des cris, retrouvant pour cette grande joie ses gestes fous d'autrefois. Même, comme elle en avait pris l'habitude, elle dit « mes veaux » en les allant flatter, tous les quatre, et le Rouget, et le Chabrol, et le Violet, et le Maillé — qui sont les noms qu'on leur donne sur leur figure, leur couleur ou leur corne.

Et de vrai l'on aurait bien dit qu'ils étaient à elle, tant elle se mit à les soigner avec cet amour qu'elle éprouvait maintenant le besoin de répandre autour d'elle.

Il semblait, en effet, que toute sa rudesse se fût fondue depuis qu'on l'aimait. Tout l'attendrissait, et jamais les gens qui l'avaient vu emmener en prison, dans la carriole, farouche et éclaboussée de sang, n'auraient reconnu la Victoire qui devenait pâle et tournait la tête au mur quand le Sauvage, levant en l'air et par les pieds un lapin qui se débattait, lui frappait sur le cou, pour le tuer, du coupant de sa main roidie.

XIX

Le printemps venait, triste encore et tout embrumé, avec des coups de soleil qui ne duraient pas et des ondées qui ruisselaient en torrents boueux dans toutes les rigoles des sentiers et par le travers des coteaux ravinés.

Cependant les Pâques arrivaient fleuries de coucous et de violettes sauvages au pied des haies.

Victoire dit au Sauvage qu'il lui faudrait une robe neuve pour les fêtes.

« Et celle de Noël, dit-il, elle ne vaut plus rien ?

— Elle est trop lourde, répondit-elle ; c'est bon pour les froids.

— Te voilà devenue bien délicate, dit-il d'un ton mauvais ; mais c'est tant pis, tu t'en passeras. »

Et il s'en alla en sifflotant.

Elle demeura saisie du ton qu'il avait pris pour lui dire cela. Et puis elle pensa qu'il avait peut-être perdu de l'argent dans ses marchés, et elle ne lui en parla plus.

Mais, à peu de jours ensuite, il lui dit :

« Donne-moi tes anneaux d'or, j'en ai besoin. »

Cela fit un grand chagrin à la Victoire. Elle tenait à ses anneaux comme toute fille tient à son premier bijou, et plus encore, parce qu'elle les considérait comme un cadeau de noces prochaines. Elle craignait l'homme : elle ne dit rien et donna ses anneaux.

Alors elle s'appliqua à le rendre plus content. Elle en prit moins à son aise et se remit à trimer comme au commencement, faisant la rude besogne qu'elle s'était peu à peu relâchée de faire pour s'occuper de l'intérieur du ménage.

Mais lui, maintenant, la gourmandait sur toute chose, surtout quand il revenait des foires et des veillées. Il avait bu, il était gai et méchant, et il lui parlait des jolies filles qui lui faisaient des mines et qui étaient autrement tournées qu'elle, avec sa croupe énorme et ses jambes taillées à coup de serpe dans un rondin de chêne. Et des jeunesses qui avaient du bien au soleil, encore !

La Victoire feignait d'en rire, et elle répondait que c'étaient pas des filles, ça, mais des mauviettes, et que ça serait bien en peine pour lever un sac de blé.

Mais au fond, elle en devenait bien malheureuse, surtout depuis un temps où quelque chose la tourmentait.

Après les Pâques, le temps se rangea, la terre asséchée permit qu'on fît les labours pour semer les maïs et l'avoine.

Le Sauvage avait défriché un bon bout de bois qui allongeait d'autant ses terres. Il y voulait planter des vignes, et, pour commencer, il fumait l'endroit en y mettant des luzernes. Ça fait les terres grasses en économisant l'engrais. Mais c'est dur au labour.

C'était la Victoire qui l'aidait.

Elle arrivait le matin, sur les neuf heures, lui portant la soupe qu'il mangeait assis au revers d'un fossé, les jambes pendantes. Et, derrière lui, les bœufs ruminaient, mâchonnant leur écume blanche, les naseaux fumants.

L'air était tiède dans la bonne odeur de la terre remuée et des herbes fraîches. Le soleil allumait tout le coteau d'une belle couleur tendre, d'un vert de printemps, avec partout la floraison hâtive des pruniers blancs et des pommiers tachés de rose. A travers leurs feuilles nouvelles passaient et repassaient, les ailes battantes et faisant des cris, les oisillons qui cherchaient où pendre leurs nids.

Et, de loin en loin, espacés par les bois, sur les coteaux voisins, on voyait ramper la charrue des autres laboureurs, brillante et claire derrière la tache blonde que faisait dans le noir des sillons la croupe des bœufs roux.

Et le silence murmurant de la campagne et des champs au réveil se coupait par intervalles de l'écho mourant d'une chanson lointaine, du cri rauque des geais, d'un mugissement plaintif, de l'aboiement d'un chien ou de la ritournelle perlée du pinson, ce rossignol du printemps.

La Victoire alors remplaçait le maître à la charrue. Elle virait le soc, poussait les bœufs, piquait l'aiguillon et, s'asseyant de travers au timon, se faisait traîner à demi dans le sillon ouvert en criant sans relâche :

« Ah! Maillé! ah! ah! Chabrol! »

Et tapant rude sur le joug qui tenait corne à

corne les deux bêtes accouplées, ou leur piquant le flanc.

Et lui venait derrière, un panier au bras gauche, la main droite levée, et il jetait le grain, à chaque pas, en trébuchant dans les mottes de terre fraîches.

Ils montaient ainsi et descendaient presque sans repos pendant tout le jour, sinon pour laisser souffler les bœufs, dont les naseaux ruisselaient, ou pour boire, l'un après l'autre, à la cruche de grès, où la piquette de vin était demeurée fraîche.

La Victoire était bien heureuse alors, surtout lorsque l'homme était gai et qu'il la bourrait sur l'épaule d'un bon coup, par plaisir.

Un soir, ils soupaient tous les deux, face à face, les pieds mêlés sous la table, accoudés, harassés, la mâchoire lente, se reposant dans le fumet odorant des « miques » de maïs, dressées en pyramide sur un plat, comme des balles d'or.

Par la porte ouverte venait le bruit des étables qui allait s'apaisant, le bêlement des agneaux nouveau-nés, le piétinement des veaux dont la chaîne raclait au râtelier, et le jacassement doux des hirondelles qui rentraient à leur nid sous les toits. On apercevait un carré du ciel pâle avec la première étoile qui s'allumait et des scintillements confus autour d'elle. Et le jardinet proche laissait voir un coin de sa verdure épaisse d'arbrisseaux en fleur, où éclatait la couleur ardente des roses.

Le vent portait de loin le tintement clair d'une cloche qui sonnait l'*Angelus*, et, peu à peu, tout s'endormait.

Alors, dans la pénombre venue, l'homme dit tout à coup :

« A propos, tu sais, je vais me marier.

— Plaît-il ? » dit la Victoire toute secouée, encore qu'elle eût compris qu'il voulait parler de leur mariage.

Il fit une pause, puis il reprit brutalement :

« Va pas chimailler, surtout, ça m'embêterait. J'épouse la fille à Giraud, celle qui vient d'hériter de sa grand'mère de trois mille écus.

— Eh bien, et moi ! cria la Victoire en abattant ses deux bras sur la table comme si elle tombait.

— Je t'ai dit de ne pas m'embêter, reprit l'homme, tu as compris ? Si tu es sage, si tu ne dis rien de rien de ce qui s'est passé, tu resteras ici comme servante, voilà tout. »

Victoire pleurait, mais bas, les dents serrées, s'étranglant pour ne pas le laisser voir, car elle voulait lutter. Elle dit :

« Voyons, notre maître, vous ne voudriez pas me faire ce chagrin. Vous n'avez pas à vous plaindre de moi. Et, d'ailleurs, vous savez bien que vous m'avez promis le mariage à moi, sans quoi...

— Que tu es bête ! dit-il, ricanant. On promet toujours ça aux filles... Tu n'as pas été bien malheureuse, je pense. Je t'ai nippée, et tu as passé du bon temps, tout de même, hé! hé! »

Il s'était levé, et il lui tapait sur l'épaule pour la faire rire. Mais elle ne remua pas, sinon qu'elle tremblait un peu.

« Après tout, dit-il, si ça ne te va pas, tu peux t'en aller.

— Et où m'en aller? dit-elle bas, comme si elle se parlait...

« Tu n'es pas en peine de te louer, j'espère, une fille comme toi; car c'est pas pour dire, mais tu es rudement fière à la besogne. »

Il la flattait maintenant. Il aurait voulu qu'elle prît bien la chose, qu'elle se tînt tranquille, sans rien laisser voir, afin qu'il pût la garder pour le travail, et peut-être aussi pour son plaisir, quelquefois. Il reprit :

« Du moment que personne n'en saura rien, pas vrai, c'est comme si rien ne s'était passé. Et je te donnerai de bons gages. La fille à Giraud veut bien que tu restes. »

Et certainement, elle serait restée avec eux, la Victoire, si elle avait pu, malgré son chagrin de perdre l'homme et de n'être plus la maîtresse. Car elle était accoutumée à la maison, et puis, dans ce coin de pays, du moins, personne ne connaissait la Rouge. Mais elle ne le pouvait pas; et c'est ce qu'elle voulait dire, n'osant pas, cherchant des mots pour apitoyer son maître. Tout à coup, elle demanda :

« C'est-il pour bientôt, votre noce ?

— Dans trois semaines, » dit-il.

Elle répéta épeurée :

« Dans trois semaines ! si tôt !... Je pensais... Ah ! Seigneur, si seulement vous aviez pu attendre la moisson !

— Et pourquoi ça ? » dit-il intrigué.

Elle hésita et puis finit par dire :

« Parce que... parce que j'aurais eu le temps d'être délivrée. Vous ne voyez donc pas que je suis grosse ?... »

Et elle écarta ses bras, se tournant au jour

mourant de la porte, et comme si elle voulait montrer son sein gonflé aux étoiles.

Lui avait fait un cri de rage avec un jurement, et une épithète infâme qu'il jetait à la fille enceinte de ses œuvres. Puis il la secoue par les bras, prêt à frapper. Il crie que cela n'est pas vrai, que ce n'est pas lui, et que si elle a le malheur de le dire, il la crèvera d'un coup de pied.

Il va et vient, maintenant, autour de la chambre, le pas furieux, car il sait comment on pense, aux champs; et si la fille à Giraud apprenait cette histoire, elle porterait à un autre les trois mille écus de son héritage. Il revient sur Victoire, fou de colère.

« Je te chasse, entends-tu ? je te chasse. Demain matin au petit jour, je te mènerai dans la carriole, toi et tes nippes, jusqu'à Limoges. Et je te défends de remettre les pieds par ici, tu entends bien ? Si je sais que l'on t'y ait aperçue, je te ferai prendre par les gendarmes, coureuse, vaurienne! Ah! tu pensais à me le mettre sur le dos, ton mioche, pas vrai? Eh bien, ose le dire un peu, qu'il est de moi, et tu verras!... »

Et il gesticulait devant elle, menaçant, sa face embroussaillée toute noire de fureur, les yeux étincelants.

Victoire s'était reculée au mur, le visage immobile et tiré, les regards fixés sur lui avec un air d'hébétement.

Ce coup de malheur subit semblait lui avoir vidé le cerveau, où toutes les paroles de l'homme tournaient, tournaient, faisant un bruit qu'elle ne comprenait plus.

Cependant elle éprouvait une peur violente, et elle tremblait sans rien dire.

Quand il vit qu'elle se taisait, il se calma, pensant qu'elle se laisserait emmener sans plus de défense.

Alors il lui dit :

« Couche-toi, et demain au petit jour, tu entends?... »

Il sortit, tirant rudement la porte. Victoire demeura dans le noir.

Elle entendit battre la claire-voie du jardin, puis le pas lourd du Sauvage qui remontait la côte en sifflotant. Il s'en allait veiller.

Alors elle remua, secouant ses membres comme pour se réveiller, se dégourdir. Elle voulait penser, mais elle ne pouvait pas encore. Son cœur lui faisait mal, comme si on lui avait donné un coup. Elle respirait par secousses.

Puis, peu à peu, les idées lui revenaient, elle comprenait toute l'horrible scène qu'elle venait de subir, et elle s'affalait sur une chaise, la tête dans ses mains, crevant de sanglots.

Maintenant elle réfléchissait :

L'emmener à Limoges ? Et ensuite ? Il faudrait bien qu'elle revînt par là : elle était internée dans le département de la Dordogne et sous la surveillance de la police. Quand même, où se placer avec son ventre ?

Toujours ce ventre maudit, qui la martyriserait pendant toute sa vie et pour son malheur éternel !

Cette fois, elle ne voyait point d'issue. Elle ne voulait pas recommencer à tuer son enfant pour être encore traînée en prison. Alors quoi ?

Et puis, d'ailleurs, les six mois de bonheur qu'elle venait de passer lui avaient donné des besoins et comme une sensibilité qui rendait aujourd'hui sa souffrance plus aiguë et moins supportable.

Sa grosse bestialité de jadis, qui ne visait qu'à l'apaisement de ses appétits, était devenue, par affinement, une sensualité plus exigeante. Des besoins de cœur lui étaient nés. Elle se rendit compte très clairement de sa situation, se disant que, tant qu'elle vivrait, ça serait la même chose, qu'elle saurait moins que jamais se défendre des hommes, et que chaque fois il lui arriverait un malheur.

Autant valait en finir tout de suite.

D'ailleurs, le désespoir de se voir arracher,

tout à coup, tout son bien-être matériel, l'amour de son maître, son espoir d'avenir, pour retomber dans la fuite, dans la misère, dans la honte de son crime et de la prison qu'elle avait subie, et de la surveillance infamante dont elle demeurait frappée, tout cela lui donna un dégoût subit de la vie, le premier qu'elle eût ressenti et auquel elle s'abandonna.

C'était comme un affolement qui l'avait prise du désir de mourir.

Il ne fallait pas attendre l'homme.

Elle ouvrit la porte, regarda la lune claire qui faisait partout une blancheur d'aurore, écouta quelque peu remuer les bêtes dans leurs étables.

Et comme cette pensée qu'elle ne les verrait plus l'attendrissait, elle se mit à courir à travers bois, en pleurant si fort que cela faisait, au loin, comme le râle, toujours faiblissant, de quelque cruelle agonie.

XX

Pourtant, peu à peu, elle ralentissait, tirée en arrière, semblait-il, par les liens qui attachaient son cœur à ce pauvre logis, où elle avait vécu ses seuls jours de bonheur.

Elle regrettait moins la vie que la maisonnette basse avec son toit moussu, où la pigeonnée, qu'elle avait fait éclore, tout le jour roucoulait.

Elle pleurait son jardinet plein de roses et ses brebis aux ventres lourds, dont quelqu'une déjà allaitait son agneau bêlant mièvrement, comme un enfantelet au berceau.

Elle s'arrêta, tournant la tête, cherchant à voir, à travers la feuillée, la blancheur vague des murs sous la lune ronde et pâle qui passait au-dessus, lentement.

A cette heure suprême, une bouffée de poésie sauvage lui gonflait le cœur d'un amour en quelque sorte idéal pour cette vie rustique, son décor, ses travaux et ses êtres, dont le besoin et la passion lui avaient toujours pris les entrailles, mais dont elle n'avait jamais ressenti comme à ce moment le charme et l'immatérielle beauté.

Il semblait qu'arrivée à ce point culminant de la douleur humaine, son âme enclose fît un effort et s'entr'ouvrît pour une première et dernière contemplation..

Dans le même temps qu'elle éprouvait cette perception plus délicate et plus élevée des choses, bien que confusément, elle se retrouvait plus basse, plus misérable et plus abandonnée; et son désir de quitter la vie la poignait plus intense.

Et pourtant, avant de mourir, elle était prise de l'impérieux besoin de revenir aux lieux qu'elle ne devait plus revoir.

Alors elle se donna pour raison qu'il lui fallait soigner ses bêtes, puisqu'il n'y aurait personne pour le faire le lendemain.

Victoire reprit sa course vers la maison. Elle eut une joie de toucher encore à ces choses familières. Elle tournait et retournait par la cour, affairée, mettant de l'ordre, à mesure qu'elle tirait la paille du grenier, par la lucarne ronde où atteignait une échelle, rangeant les seaux quand elle eut rempli l'auge. Et puis elle ouvrit la grange où les veaux se tassaient en un coin, et, posant sa lanterne sur une poutre, elle emplit les rateliers vides. Elle balayait le sol, elle n'en finissait pas; tandis que les bêtes, couchées, levaient leur muffle et ouvraient leurs yeux larges, surpris de ces soins nocturnes. Ils eurent des mugissements doux, et ils frottaient leurs têtes au mur avec un bruit de chaînes.

Alors elle s'accroupit près d'eux et leur parla tout bas, les nommant chacun et leur disant : Adieu.

« Adieu, Maillé! adieu, Chabrol! tu as une mauvaise tête, toi, tu te feras tâter, mon vieux. Et toi, Violet, tu marches trop vite. Adieu, le Rouget! je t'aimais bien, toi ; tu es le plus beau, avec ta tête rouge et tes grandes cornes blanches. Adieu... »

Elle promena sa main sur leur corps, et les bêtes soufflaient, semblant l'entendre, attachant sur Victoire leurs yeux profonds et doux, les mâchoires lentement remuées, comme s'ils remâchaient des choses amères qui leur coulaient des lèvres ensuite, lentement.

Victoire se leva, reprit sa lanterne, s'éclaira en l'air pour les voir encore, en aspirant la bonne odeur du foin séché et des bêtes chaudes.

Puis elle sortit, et elle s'en alla aux étables.

En un coin, sur deux barres suspendues horizontalement, toutes les poules dormaient, côte à côte, alignées. Les unes la tête sous l'aile, d'autres enfoncées dans leurs plumes, leurs yeux roulants et clignotants, très bêtes, quand la lumière les éveilla.

Par habitude, Victoire les comptait. Il en manquait une, sa préférée, qu'elle appelait Jeannette, parce qu'elle portait comme une croix de plumes dorées sur sa collerette blanche. Victoire s'inquiéta. Mais elle aperçut Jeannette couvrant un panier rond de ses ailes étendues, et qui se fâchait déjà, grondante et ébouriffée, défendant les œufs qu'elle couvait.

Alors Victoire poussa une demi-porte qui séparait l'étable en deux, et toutes les brebis se levèrent, piétinant et bêlant, avec des coups de tête, et cela fit un vacarme qui éveilla les nouveau-nés, dormant, tout petits et presque nus, sur leurs pattes repliées.

Elle leur vida des châtaignes en un coin, puis elle attrapa un agnelet tout blanc et elle s'accroupit, le tenant sur ses genoux.

Il ne cessa de crier « mé! mé! » avec un tremblotement de voix cassée, tandis que Victoire l'embrassait sur sa petite tête laineuse, en pleurant tant qu'elle pouvait et le dodelinant comme elle eût fait d'un enfantelet.

Tout à coup elle entendit marcher derrière la maison. Le maître rentrait. Elle souffla sa lanterne, et, se tenant au mur, elle passa dans la grange au foin, où elle avait dormi dans les premiers temps, sur une étalée d'herbe. Elle se coucha et fit l'endormie, toute froide de la peur qu'il l'empêchât de demeurer là.

Mais lui, ne la trouvant pas en son lit, vint tirer la porte où elle était, leva sa lanterne, et, quand il l'eut aperçue, il s'en alla sans rien dire.

Elle l'entendit rentrer à côté, barrer ses verrous et se coucher. Un peu après, son souffle rauque dominait tous les bruits légers de la ferme endormie.

Alors Victoire se dressa, se glissa dehors, traversa la cour comme une ombre, et reprit le chemin des bois vers la côte. A ce moment, un hurlement plaintif la fit tressaillir. C'était le chien enfermé, qui la sentait s'en aller et qui pleurait après elle

Elle ne pleurait plus, maintenant; c'était fini. La peur de l'homme l'avait reprise, et elle ne songeait maintenant qu'à ses menaces de l'emmener au petit jour ou de la crever de coups.

Le petit jour ne serait pas long à venir. Il arrive vers trois heures au commencement de l'été. C'est la première lueur blanche qui sépare le ciel des coteaux ras de l'horizon.

Quand la grande ligne blanchissante rougit, c'est que le coq va bientôt chanter.

Victoire gravit la côte et s'arrêta sous les pins, tout en haut. De là, elle dominait l'horizon;

elle s'adossa à un arbre pour surveiller le jour, dès qu'il paraîtrait.

Une idée lui vint. Elle prit dans sa poche le chapelet que lui avait donné la fermière infirme, sa dernière maîtresse, et elle se le passa au cou, comme si elle eût voulu se donner la bénédiction du bon Dieu avant de mourir.

Même elle pria, car elle n'avait point de colère. Elle avait toujours pensé que tous ces malheurs lui arrivaient naturellement, parce qu'elle était bâtarde, c'est-à-dire jetée sur terre comme une bête abandonnée, pour servir, pâtir et souffrir.

Seulement, elle s'étonna de n'avoir pas pensé plus tôt à s'en aller de ce monde. Si elle l'avait fait du premier coup de son malheur, elle n'aurait pas commis un crime en tuant son autre petit, à qui maintenant elle pensait.

Et elle pensait aussi au premier avec ce même serrement de cœur et cet amour de lui qu'elle avait toujours eu. Même celui qu'elle portait en ce moment lui donnait une angoisse. Elle ne le verrait pas, il ne viendrait pas au monde. Et c'était tant mieux pour lui, puisque aussi bien il serait bâtard comme elle, c'est-à-dire maudit.

Elle remuait ces idées dans sa tête avec tous ses souvenirs, même les plus lointains. Elle regardait sa vie, en bas, derrière elle, toute, d'un seul coup d'œil, de cette hauteur où elle était maintenant parvenue, comme au terme d'un dur voyage, et n'ayant plus qu'un pas à faire pour entrer dans l'éternité bienheureuse, par cette porte blanche de l'horizon qui allait tout à coup s'ouvrir, là-haut.

La lune passait maintenant sur la sapinière, traînant sa clarté d'argent dans les allées que formait la colonne régulière des pins avec leurs chapiteaux de palmes élancées, semblable au péristyle d'un temple dont la coupole étoilée, lointaine, pâlissait, éteignant ses ors dans l'endormement de la nuit.

Un chant sacré éclatait sous les feuilles, où

le rossignol vocalisait ses hymnes. La floraison des bois encensait la nature divine par des parfums subtils que le vent balançait.

Et Victoire, adossée à une colonne du temple, immobile, regardait fuir la lune ronde, attendant pour mourir d'avoir vu, encore une fois se lever le jour.

XXI

Le Sauvage dormait lorsque le coq chanta. Il se leva et vint pousser la porte. Le ciel rougeoyait : c'était bien l'aurore.

Il se pressa et vint tirer l'âne qu'il mit à sa carriole. Puis il appela Victoire.

Elle ne venait pas : il jura et s'en fut la querir, le pas colère, jetant son pied dans la porte de la grange au foin.

La porte s'ouvrit toute large, et l'homme ne vit personne.

Alors, il chercha, allant aux étables, au grenier ; et comme il vit que déjà les bêtes étaient soignées et nourries, il pensa que la Victoire était occupée par là à presser sa besogne pour que rien ne pâtit pendant que le maître l'emmènerait. Il attendit un peu sans se fâcher.

Cependant le temps lui durait, parce que maintenant le ciel devenait clair, et les rougeurs du levant s'empourpraient davantage.

Il pensa encore qu'elle était allée au puits ; mais l'auge était remplie et les seilles de bois étaient posées tout contre. Il cria tout de même par ce côté-là : Victoire !

Alors le chien hurla. L'homme le fit sortir et lui dit : « Cherche ! »

Le chien prit le vent, puis il aboya comme s'il se plaignait, et il s'élança courant devers le bois.

Le Sauvage jeta son fouet et empoigna sa trique. Le poil épais de sa face brutale remuait dans les injures qu'il mâchait avec des menaces et serrant le poing. Que faisait-elle par là?

Elle se cachait pour n'être point emmenée; elle chimaillait, accroupie sur ses talons. Il allait la relever, lui, et lui faire voir s'il fallait l'embêter.

Il tournait la tête, cherchant, frappant de sa trique les fourrés de verdure où l'on pouvait se blottir.

Quand il eut fait le tour de la maison par les bois, en sifflant le chien qui ne revint pas, il s'arrêta net, pris d'une soudaine inquiétude. Et il courut voir aux armoires si Victoire avait ramassé ses nippes. Peut-être s'était-elle sauvée en faisant main basse sur la cachette où il serrait l'argent. Mais rien ne manquait; même on eût dit qu'elle avait vidé ses poches des quelques sous qui lui appartenaient. Voilà bien son châle et ses cottes, et son linge. Alors quoi?

Et soudain l'homme devint blême et s'assit, les jambes molles. Parbleu! c'était clair, elle était allée se plaindre au maire, raconter toute la chose, pleurer, gémir, faire du scandale.

Et maintenant les gens viendraient fourrer le nez dans ses affaires, ça réveillerait le passé... Belle histoire! Et il se cogna la tête avec son poing de fureur contre lui-même, pour n'avoir pas emmené la fille sur l'heure, hier soir. Aujourd'hui, elle serait loin, tout serait fini.

Mais est-ce qu'il pouvait penser qu'elle irait se plaindre? Oh! la mâtine, s'il la tenait!

Et il rejoignait ses doigts écartés, comme pour l'étrangler.

Tout à coup il pensa qu'elle n'était peut-être pas bien loin encore. A peine si le jour pointait. Elle ne s'était pas en allée la nuit, bien sûr. S'il la rattrapait! Oh! s'il la rattrapait!

Et il fit le moulinet avec son bâton. Puis il se jeta dehors et courut devers le bourg en montant la côte et traversant la sapinière; ensuite il dévala le coteau, sifflant toujours son chien.

C'est que le soleil arrivait maintenant. Un élancement de flammes avait couru sur la bande de l'horizon ; puis tout le ciel avait blanchi, et il bleuissait rapidement dans la clarté fulgurante des premiers rayons.

L'ombre s'évanouissait sous la feuillée scintillante. Les fleurs mouillées redressaient leurs tiges. Une buée blanche montait, s'affinant, s'effilant, dévoilant les coteaux, partout au loin. Et la floraison des lilas déjà s'entrevoyait, mettant, çà et là, sa coloration tendre à travers le vert des taillis.

L'homme regardait de haut, de loin, la main sur ses yeux. Et tant qu'il pouvait voir, la route était déserte, et les sentiers qui rampaient au flanc des coteaux n'avaient pas une ombre entre leur haie de genêts qui bordaient les champs de blé noir et d'avoine.

« Elle est arrivée, » pensait le Sauvage ; et il n'en pouvait plus de colère et de chagrin.

A cette heure-ci, peut-être le village s'ameutait, et c'en était fait de la fille à Giraud et de ses trois mille écus.

A quoi bon poursuivre? Il fit mine de rebrousser chemin, avec un geste de rage, et jurant qu'il serait bien reçu, celui qui oserait venir lui demander de dédommager la Victoire.

A ce moment, il crut entendre les aboiements du chien venant du côté de l'étang des vergnes. Il écouta. Certainement le chien était en arrêt.

L'homme courut, dévalant de biais la côte qui le menait à l'étroite plaine marécageuse où dormait l'étang, entre deux collines maigres, pierreuses et comme soulevées par des gonflements, dont la terre crevait çà et là, lâchant des rocs qui demeuraient suspendus.

Point d'arbres ici, sinon quelques pins rabougris. L'espace clair laissait voir au loin toute la vallée, et d'un bout à l'autre la face embrumée de l'étang.

Le Sauvage arrivait, se baissant pour surprendre la Victoire qu'il supposait assise là, sur un roc, à se reposer.

Mais quand il fut plus proche, les jappements lui parurent venir devers l'étang, s'éloignant et se rapprochant, comme si le chien en courant faisait le tour de l'eau.

Alors il se dressa et fouilla du regard la verdure épaisse et feuillue qui bordait la pièce d'eau. Rien ne bougeait parmi les roseaux aux lances molles, ni sous les bouleaux blancs, ni sous les saules aux tiges élancées, ni près des vergnes, dont les branches sont piquées comme des épingles sur le tronc tous les ans rasé.

Quelquefois un canard sauvage prenait son vol d'une touffe d'iris, ou quelque hirondelle s'abattait en passant pour tremper son aile. Mais aucune forme humaine n'était visible, encore que le jour fût déjà dans tout son éclat et que les brumes de l'eau commençassent à monter en vapeur bleuissante dans le reflet du ciel.

L'homme alors siffla furieusement pour rappeler le chien, et celui-ci accourut; mais ce fut pour repartir comme une flèche, appelant, à son tour, son maître d'aboiements si pressés et plaintifs que l'homme eut d'un coup la pensée qu'il était arrivé un malheur.

Un malheur pour lui, bien sûr, car si la Victoire s'était jetée à l'eau, dans son chagrin, on ne manquerait pas de dire que c'était lui qui l'avait noyée pour s'en débarrasser parce qu'elle était grosse. Et alors l'autre affaire se réveillerait, et il savait bien que sa tête ne resterait pas longtemps sur ses épaules.

Il ne jurait plus, cette fois, et toute sa fureur était partie. Mais, pâle comme s'il était déjà mort, le cœur lâche, avec des sueurs et des roideurs dans les jambes qui l'empêchaient d'avancer, il se traînait peu à peu, descendant vers le bord, les yeux élargis, essayant de percer les dernières buées, qui lentement montaient.

Il voyait bien que le chien tournait en s'aplatissant parfois comme pour se jeter à l'eau, et tournant encore, gémissant, enroué, sinistre.

Il distinguait maintenant la nappe verte des nénufars aux feuilles rondes, avec la tache luisante de leurs fleurs d'or.

Et, comme il descendait peu à peu, épeuré, livide, il crut voir une masse sombre qui flottait. Oui, c'était bien cela; et maintenant le soleil tout en feu embrasait le ciel et jetait comme un torrent de lumière, à travers les brumes évanouies, sur cette chose ronde, soulevée, qui paraissait s'étaler aux clartés des cieux : les flancs gonflés et fécondés de la fille morte.

L'homme, hagard, contemplait, et ses dents claquaient d'effroi. Perdu, il voulut fuir.

Et pendant qu'il fuyait, galopant les bois, hideux d'épouvante et fléchissant comme s'il traînait son crime, le chien hurlait autour de l'étang d'une voix lamentable, tandis que les bergeronnettes voletaient en s'ébattant au ras de l'eau, dont elles faisaient doucement mouvoir la surface.

Et ce remous, lent comme un bercement dans un grand voile bleu, humide, tissé d'argent et brodé dans les coins de feuillage et de fleurs, balançait lentement et d'un rythme léger la Victoire étendue, pâle, morte, riant au ciel dans le bonheur de son repos sans fin, et royalement couchée dans la pourpre flottante de ses cheveux épandus comme dans une auréole d'or.

Achevé d'imprimer

le quatre mai mil huit cent quatre-vingt-dix-huit

PAR

ALPHONSE LEMERRE

6, RUE DES BERGERS, 6

A PARIS

www.ingramcontent.com/pod-product-compliance
Lightning Source LLC
Chambersburg PA
CBHW070647170426
43200CB00010B/2151